SANGRE DE CAMPEÓN
SIN CADENAS

CARLOS CUAUHTÉMOC SÁNCHEZ

SANGRE DE CAMPEÓN
SIN CADENAS

**la primera novela de asertividad
para adolescentes y adultos**

Ediciones Selectas Diamante, S.A. de C.V.
Líder mundial en novelas de superación

SANGRE DE CAMPEÓN
SIN CADENAS

Derechos reservados:
©2002 Carlos Cuauhtémoc Sánchez.
©2002 Ediciones Selectas Diamante, S. A. de C. V.

ISBN 968-7277-47-5
     Convento de San Bernardo núm. 7
     Jardines de Santa Mónica, Tlalnepantla, Estado de
     México, C.P. 54050, Ciudad de México.
     Tels. y fax: 53-97-79-67; 53-97-31-32; 53-97-60-20
     Miembro núm. 2778 de la Cámara Nacional de la
     Industria Editorial Mexicana.
     Correo electrónico: ediamante@prodigy.net.mx
     Página web: www.editorialdiamante.com

Ilustraciones y diseño de portada: Miguel Morett Soto

IMPRESO EN MÉXICO
PRINTED IN MEXICO

ÍNDICE

Nota preliminar

Los libros de la serie Sangre de Campeón, son narraciones independientes que pueden leerse por separado y sin orden establecido, pero se conectan entre sí porque relatan hechos ocurridos a Felipe o a sus familiares. Están basados en sucesos verdaderos y giran alrededor de las experiencias paranormales —fenómenos de cuya naturaleza y efectos no ha dado hasta ahora cuenta la psicología científica—, que han tenido muchas personas en el mundo.

Aunque, por lo regular, las historias de esta colección pueden ser comprendidas por lectores de nueve años de edad en adelante, se recomienda que un padre o maestro lea cada capítulo a los niños más pequeños y realice con ellos los ejercicios sugeridos en las guías de estudio.

Sangre de campeón, sin cadenas es ideal para adolescentes y adultos. Narra la vida del padre de Felipe, y de otros jóvenes cuyos testimonios tienen el poder inspirador para enseñarnos a controlar nuestras emociones destructivas, defendernos de los ataques externos, comunicarnos mejor y entender con mayor profundidad el verdadero sentido de la existencia humana.

1
TRES CUALIDADES A FORTALECER

*O*win y Beky jugaban a las damas chinas cuando escucharon golpes insistentes.

—¡Abran! —gritó una voz.

—¿Quién es?

—¡Traigo a su padre! ¡Está enfermo!

Los mellizos se miraron atemorizados.

Beky saltó y abrió la puerta sin preguntar más.

Dos hombres, uno de overol azul y otro de bata blanca, cargaban al señor Meneses, quien arrastraba los pies y cabeceaba como si estuviese a punto de desmayarse.

—¿Dónde podemos acostarlo? —preguntó el que parecía médico.

—Aquí, en el sillón.

El padre de Owin y Beky trabajaba como obrero. Era flaco, un tanto encorvado, de temperamento nervioso y con frecuencia deprimido desde que su esposa murió. Apenas lo recostaron, comenzó a temblar y a emitir gemidos de pánico como si viera fantasmas alrededor.

—¿Qué le pasa a mi papá? —preguntó Beky.

El médico abrió su maletín y sacó una jeringa.

—Voy a inyectarle un sedante.

La angustia había invadido a los muchachos. Miraban a su padre y después al médico.

—¿Qué... qué tiene mi... mi papá? —insistió Owin tartamudeando como solía hacerlo—, ¿po... por qué tiembla y llora? ¿Por qué hace esos ruidos? ¿Se vo... volvió loco?

El doctor habló mientras preparaba la ampolleta.

—Ha sufrido un colapso nervioso.

—¿U... un qué?

—Los pensamientos negativos lo han dominado. Su espíritu está como encadenado. Necesita terapia psicológica.

Beky protestó:

—¿Encadenado? ¿Terapia? ¡No entiendo nada!

El hombre de overol azul que acompañaba al médico le explicó a los niños.

—Su papá se preocupa demasiado. Es perfeccionista y se toma todo demasiado en serio. Algunos compañeros le hacen bromas y él se enfurece. ¡Se pone como loco! Hoy, nuestro jefe lo regañó. Le dijo que era un bueno para nada, lo hizo quedar en ridículo frente a todos y lo amenazó con despedirlo. ¡Meneses comenzó a temblar y a gritar! Tomó una barreta de acero y golpeó la maquinaria. Trataron de detenerlo, pero también le pegó a un compañero. Por fortuna sólo le sacó el aire. Entonces se puso a llorar y a sacudirse como si le estuviese dando un ataque. Así está desde entonces.

Owin y Beky se quedaron callados mientras el doctor terminaba de inyectar a su padre. La medicina tardó en hacerle efecto. Mientras tanto, comenzó a jadear como si le faltara el aire. El médico trató de tranquilizarlo.

—No se preocupe, todo va a estar bien.

—Papá, cálmate —dijo Beky—, nos estás asustando.

—¡Es injusto! —gritó el enfermo con todas sus fuerzas—. ¡Van a correrme del trabajo! Desde que murió mi esposa, me ven triste y nadie me quiere. ¿Qué va a pasar si me despiden? Tengo dos hijos que mantener —gimió amargamente como lloriqueando—. ¡Injusto! ¡Injusto! Yo siempre he sido un hombre trabajador y honrado, pero no tengo apoyo. Odio la fábrica, odio a mis compañeros, odio a mi jefe. Ojalá que a todos les vaya mal. ¡Se lo merecen!

—Tranquilícese, Meneses —sugirió el médico—, trate de no pensar en nada.

El hombre temblaba y sudaba como si estuviese ardiendo en fiebre. Luego se giró de espaldas sin cerrar los párpados. Sus hijos lo contemplaron un largo rato. Después Beky comentó en voz baja:

—Él nunca se había puesto así antes.

—E... es cierto —confirmó Owin—, cua... cuando mamá vivía... nue... nuestra familia e... era muy hermosa... pe... pero ahora...

Echó un vistazo alrededor como queriendo explicar. La casa estaba descuidada y los escasos muebles se caían a pedazos; como había comenzado la época de lluvias, numerosas goteras hacían tintinear los recipientes llenos de agua que estaban distribuidos por toda la vivienda.

—Nuestra familia *sigue siendo* hermosa —rebatió Beky.

El doctor escribió una receta, cerró su maletín y dejó sobre la mesa una caja de medicina.

—Su papá está sedado. Dormirá hasta mañana. Que se tome estas pastillas como lo indica la receta y no vaya a trabajar. Necesita descanso. Si tiene otra crisis llámenme.

Los muchachos asintieron sin poder hablar. Vieron salir al médico y al hombre de bata azul. Se quedaron solos. No hablaron por un largo rato. Después Beky comentó:

—Debemos animar a papá...

Owin dijo que sí con la cabeza y luego agregó:

—Siempre que... que él se ponía hi... histérico, ma... mamá le decía co... cosas que lo tranquilizaban... E... ella sabía cómo a... ayudarlo a controlar su... su mal carácter.

Beky miró a su hermano y levantó la cabeza como si se le hubiese ocurrido una gran idea.

—¿Qué haría mamá? —preguntó.

Owin comprendió. Su madre asistió a una escuela de asertividad en la que aprendió técnicas para fortalecer su personalidad y tomó varios cursos que influyeron en ella de manera importante.

Fueron a las repisas en donde había libros y notas. Beky sacó una libreta y la hojeó. Halló reflexiones personales de su mamá. Leyó una de las páginas en voz alta:

Siempre me ha costado trabajo atreverme a exigir mis derechos. Toda la vida me enseñaron a ser recatada, tímida y respetuosa, pero he llevado la cortesía a un grado extremo. Mi personalidad se ha anulado. Tiendo a ser demasiado pasiva mientras que mi esposo suele ser agresivo. Ninguno de los dos estamos bien. Temo que hemos dado mal ejemplo a nuestros hijos.

Hoy fui a comer a un restaurante con mis compañeros del curso de asertividad. Me desagradó el guiso, pero me quedé callada. En cambio, una compañera, reclamó. Le dieron otro plato, y como tampoco le gustó, llamó al capitán de meseros y comenzaron a discutir. Al final le llevaron un nuevo platillo gratis. Fue muy interesante verla aplicar las técnicas que hemos aprendido. A mí me cuesta mucho trabajo. Siempre me enseñaron que debo ser amable, no causar problemas y callarme si algo está mal.

Por mi bien y el de mi familia, debo trabajar en tres aspectos:

1. **Mi individualidad**. Así acabaré con la timidez, la inseguridad, el miedo a lo desconocido, el deseo exagerado de ser aceptada.

2. **Mi control emocional**. Así romperé con el negativismo, la rabia, la vergüenza insana, la preocupación.

3. **Mi capacidad de comunicación**. Así evitaré la descortesía, las peleas, amenazas, gritos, insultos y manipulación.

Con estos cursos he aprendido que en la vida se requiere ser valiente, pues muchas cosas buenas sólo se consiguen discutiendo y exigiendo nuestros derechos; que quien no lucha contra la inseguridad, se va haciendo cada vez más miedoso; que los triunfadores son afirmativos: expresan sin rodeos sus deseos y opiniones, controlan sus emociones con ideas constructivas, no se dejan manejar por otros y ejercen su derecho a decir "no".

Owin le quitó el cuaderno a su hermana y lo hojeó.
—E... esto es increíble... ¿Mamá lo... lo escribió?
—Eso parece.

Los hermanos habían hallado un verdadero tesoro. ¡Ese cuaderno tenía plasmadas ideas personales de su madre!

—Devuélvemelo —Beky quiso arrebatárselo a Owin pero el joven lo sostuvo. Estuvieron a punto de romperlo.

—¿Qué... qué haces? ¡Te... ten cuidado!

—Pues dámelo.

—Yo lo guardaré.

El señor Meneses gimió, se incorporó del sillón y se recargó en el respaldo con ambas manos en la cabeza.

Beky y Owin dejaron de pelear por la libreta.

—Recuéstate papá —sugirió ella—, tienes que descansar.

Sin abrir los ojos, Waldo Meneses les dijo a sus hijos:

—Acérquense, por favor.

Los muchachos obedecieron. El hombre abrió los brazos y los atrajo cariñosamente hacia él.

—Los quiero mucho. Perdónenme por ser un mal padre.

—No digas eso.

—¡Tengo miedo de fallarles ahora que su mamacita nos ha dejado! ¡La amaba tanto! ¡La extraño tanto!

Los muchachos abrazaron a su papá y se abrazaron entre sí. Eran una familia resquebrajada: A los chicos se les había derrumbado su soporte emocional y el padre había perdido la estructura de su vida. Tenían que recuperarse pronto o nada volvería a ser igual. Estaban a tiempo. Los tres lo sabían...

REPASO DE CONCEPTOS

01. La asertividad es un rasgo de carácter que *afirma* la personalidad del individuo.

02. La persona afirmativa o asertiva no se deja manipular y desarrolla tres cualidades básicas:

- **Individualidad:** seguridad, desenvoltura, personalidad definida, poco deseo de aceptación por parte de los demás.

- **Control emocional.** Capacidad para generar ideas positivas y emociones sanas.

- **Poder de comunicación.** Facilidad para decir no, expresar deseos y discutir sin herir a los demás.

03. A nadie le gustan las disputas, pero debemos ser valientes, porque muchas cosas buenas sólo se consiguen alegando y exigiendo nuestros derechos.

PREGUNTAS PARA REFLEXIONAR

01. ¿Alguna vez has perdido algo por miedo a discutir o exigir tus derechos? Relata.

02. ¿Cómo definirías tu personalidad? Describe los aspectos positivos y negativos.

03. ¿Qué necesitas hacer para eliminar los rasgos negativos de tu personalidad? Define propósitos específicos.

04. ¿Qué necesitas hacer para afirmar los rasgos positivos de tu personalidad? Define propósitos específicos.

05. ¿Cómo podrías mejorar tu individualidad, tu control emocional y tu poder de comunicación?

15

2
EL CIRCO DE PULGAS

l día siguiente, Owin y Beky se levantaron temprano para ir a la escuela. Su padre continuaba dormido. No lo despertaron.

Cuando llegaron a su salón de clases encontraron un griterío. La maestra no había llegado. En un pesado ambiente de travesuras, groserías y burlas, los chicos pasaron casi toda la mañana sin ninguna guía. Durante la última hora de clases, el prefecto entró de repente y levantó la voz:

—Su profesora enfermó. Contrataron a una suplente. Vendrá a presentarse al rato. Me mandaron a cuidarlos mientras tanto. ¿Qué hacemos? ¿Jugamos a algo?

El prefecto era un joven alocado que hacía las veces de portero, vigilante y recadero. Organizó un juego de palabras, hombres contra mujeres. Como representante de los niños, eligió a Owin. Todos abuchearon la elección. Owin se rehusó, pero el prefecto insistió; entonces, sin saber cómo negarse, Owin caminó hacia el frente. Sus compañeros le arrojaron bolas de papel. Él agachó la cabeza y se mantuvo quieto. Como embajadora de las mujeres nominaron a una chica guapa y lista.

El juego comenzó. Se trataba de escribir en el pizarrón palabras que iniciaran con la misma letra. Owin se hallaba tan intimidado que no pudo encontrar el nombre de una persona, ciudad, animal, cosa o película que comenzara con *v*. La chica terminó su trabajo exitosamente y de inmediato recibió el aplauso de todo el grupo femenino.

—¡Las mujeres van ganando! —dijo el prefecto—, ahora escribirán palabras que comiencen con *r*. Tienen un minuto.

Nuevamente Owin perdió. Los gritos de ánimo de las niñas fueron opacados por las groserías que decían los hombres a su delegado:

—¡Eres un burro, Owin! ¡No sirves para nada! ¡Mejor lárgate! ¡No debiste venir a la escuela hoy! ¡Torpe! ¡Tarado! ¡Ignorante! ¡Bestia!

El prefecto escuchaba las burlas y se reía.

—Vamos a darle otra oportunidad a nuestro amiguito. Estaba un poco dormido. ¿Ya despertaste? ¡Vamos! Ahora no escribirán en el pizarrón, sino que dirán en voz alta las palabras. Empezaremos con la letra *t*. ¡Vamos!

La niña se avocó a la tarea con rapidez y gritó:

—Tomás, Toronto, tortuga, tronco, Titanic.

El competidor trató de hablar al mismo tiempo, pero su tartamudez se convirtió en freno.

—Te... te... te... te... te...

Todos los chicos rieron.

—¡Es una ametralladora!

—¡*Porky pig*!

—¡Eso es to... eso es to... eso es to... eso es todo, amigos!

Owin guardó silencio. Ni se atrevió a regresar a su lugar ni quiso competir ya contra alguien que, en ese juego, era más rápida que él.

—¡Las mujeres ganamos otra vez! —dijo la chica—, ¡ganamos siempre!

—¡Siéntate, zopenco! —gritaban los varones—, ¡pareces sapo! ¡Eres peor que un animal! ¡Nos das vergüenza!

Las bolas de papel volvieron a lloverle encima.

Owin, tenía trece años y no le gustaba demostrar debilidad, pero esta vez, frente a sus compañeros, las lágrimas de rabia comenzaron a bordearle los párpados.

—¡Mírenlo! Está llorando. ¡Es un sapo marica!

El prefecto zarandeó al joven y le increpó:

—¿Eres marica, Owin? ¿Y por qué no lo habías dicho? De haberlo sabido hubiéramos escogido a otro para que representara a los hombres.

La bulla aumentaba.

De repente, se escuchó la voz de Beky que avanzaba entre las filas:

—¡Basta!, ¡dejen en paz a mi hermano! —el griterío disminuyó un poco—. Él no les ha hecho nada malo... ¡Déjenlo en paz!

Beky llegó al frente. Las bolas de papel comenzaron a caer sobre ambos. Ella le sugirió a Owin en voz baja:

—¡Vamos a la dirección! Debemos quejarnos.

—No, hermana —contestó él—. Si me defiendes será peor.

—¡Acuérdate lo que leímos en el cuaderno respecto a la timidez! Salgamos de este salón.

—¡Está prohibido salir! —intervino el prefecto—. Lo siento mucho. ¡Mientras no llegue su maestra, yo mando!

Un escalofrío les recorrió el cuerpo a los hermanos cuando escucharon:

—Pues tu tiempo de mandamás terminó. Ya estoy aquí... por si no lo habías notado.

Los gritos y majaderías fueron bajando de intensidad hasta que se convirtieron en murmullos.

Una mujer joven e impávida los miraba desde la entrada.

—Soy la maestra suplente —caminó—. Tengo un rato en la puerta escuchando majaderías...

Los murmullos se apagaron por completo y se hizo un silencio expectante. Todos observaban a la dama que acababa de entrar al salón.

—Jóvenes —indicó a los chicos Meneses—, hagan favor de regresar a sus asientos, y usted, "prefecto", puede retirarse. Hablaremos al rato...

El liderzuelo salió del aula como huyendo.

La profesora miró a sus alumnos y ellos también la observaron. Tenía rostro fino, cabello negro largo rizado y figura esbelta; parecía una muñeca de colección, sin embargo, en contraste con su belleza, el ceño fruncido y la boca apretada le daban una apariencia de enfado innegable. Caminó por el aula en silencio.

—Me entristece haberlos conocido en estas circunstancias —dijo después—. Creí que me habían asignado un grupo de jóvenes maduros, y he aquí que llego al salón y me encuentro con un verdadero circo de pulgas...

Los chicos no comprendían la comparación, pero sabían que estaban a punto de recibir un regaño.

—Las pulgas son insectos muy especiales —continuó—, a pesar de su pequeñez tienen enorme fuerza en las patas.

Una pulga de medio milímetro puede saltar más de treinta centímetros. ¡Seiscientas veces su tamaño! Es como si alguno de ustedes pudiera subir de un salto al techo del edificio más grande del mundo. Ahora entiendan esto: hace años, en las ferias, había "circos de pulgas". El domador atrapaba a estos insectos, los encerraba en recipientes de cristal y los dejaba ahí por varios días. Las pulgas comenzaban a saltar y se topaban con la dura superficie del vidrio. Algunas se morían por los golpes. Cada vez que saltaban recibían un fuerte impacto al chocar contra el cristal. Cuando, finalmente, eran sacadas del encierro, las sobrevivientes habían aprendido que *sólo* podían dar saltos pequeños y discretos para no lastimarse. El domador les ponía columpios a su alrededor y las pulgas amaestradas brincaban poquito de un lado a otro sin escaparse. ¡Eso es un circo de pulgas! Tal vez se pregunten ahora, ¿qué tiene que ver eso con las personas? ¡Pues mucho! Ustedes no son capaces de hazañas físicas como las de la pulga, pero sí lo son de hazañas mentales parecidas; pueden soñar con altísimos ideales y saltar hacia ellos, pueden imaginar grandes cosas y alcanzarlas, pueden anhelar metas enormes y lograrlas. Los hombres multiplican seiscientas veces o más su estatura mental cuando realizan obras artísticas, científicas o de investigación. Tienen grandes capacidades. Son triunfadores en potencia, pero ¿qué pasa si alguien asiste a un salón de clases como éste y cada vez que se equivoca recibe burlas?, ¡si cuando opina, le dicen que se calle!, ¡si pasa al frente y le arrojan bolas de papel! Son como golpes en la cabeza, y producen el mismo efecto que el vidrio en las pulgas encerradas. ¡Ni más ni menos! Hace rato fui testigo de cómo atacaron a un compañero. Le dijeron: "burro", "no sirves para nada", "mejor lárgate", "no debiste venir a la escuela", "torpe", "tarado", "ignorante", "bestia", "zopenco", "sapo", "nos das vergüenza", etcétera.

La lista de insultos, dicha así, de corrido, sonaba exagerada y hasta chistosa. Hubo algunas risitas. La maestra prosiguió:

—¡Este salón es un circo de pulgas! ¡Cada vez que un compañero intenta saltar, los demás lo castigan para que aprenda a que no debe hacerlo! Es la escuela de la mediocridad. Los mediocres fastidian a los soñadores hasta arrancarles sus deseos de triunfar. Pero yo observé la mirada de Owin y pude detectar que es un niño noble e inteligente. Tiene derecho a ser feliz y a lograr grandes metas en su vida y nadie debe hacerlo menos.

Algunos chicos comenzaron a ver a los gemelos de reojo. Beky tenía la cara en alto y observaba a la maestra con profundo agradecimiento. Owin apretaba los dientes y miraba al suelo. Su corazón estaba abrumado. Lo habían golpeado tanto que, en efecto, se sentía como una pulga acomplejada. Sin deseos de saltar ni de moverse.

—Owin, pasa al frente —dijo la maestra.

—No... —murmuró—, n... no otra vez.

—Pasa, por favor. Tus compañeros te van a pedir una disculpa.

REPASO DE CONCEPTOS

01. Los hombres multiplican seiscientas veces o más su estatura mental cuando realizan obras artísticas, científicas o de investigación.

02. Todos podemos soñar con altísimos ideales y saltar hacia ellos, imaginar grandes cosas y alcanzarlas, anhelar metas enormes y lograrlas.

03. La mediocridad se origina en ciertos grupos en los que cada vez que un compañero intenta saltar, los demás lo castigan.

04. Para que un grupo se convierta en semillero de campeones, los compañeros tienen que ayudarse y motivarse unos a otros.

PREGUNTAS PARA REFLEXIONAR

01. Piensa en alguien a quien hayas insultado. ¿Cómo te sentiste después de hacerlo? Relata.

02. Piensa en alguien a quien hayas elogiado. ¿Cómo te sentiste después de hacerlo? Relata.

03. ¿Puedes convertir a tu grupo de trabajo o estudio en un semillero de campeones? ¿Cómo?

04. ¿Puedes evitar formar parte de los circos de pulgas? ¿De qué forma?

05. ¿Qué obras artísticas, científicas o de investigación vas a proponerte alcanzar para multiplicar tu estatura mental?

23

3
LAS CRITICAS AGRESIVAS

Owin se puso de pie. Avanzó despacio y se paró junto a la nueva maestra.

—Escúchenme bien —agregó ella—. Este niño es un campeón. Igual que todos ustedes. Crecerá y sorprenderá al mundo con su enorme capacidad. Lo han herido mucho, así que ahora cada uno le dirá algo bueno para compensar un poco el daño que le han hecho.

El salón de clases se volvió una tumba helada y silenciosa. Nadie se atrevía a abrir la boca ni a mover un dedo.

—¡Estoy esperando! —insistió la maestra.

Owin espió a sus compañeros con timidez. La mayoría eludía la mirada. En efecto, muchos de aquellos chicos tenían como deporte favorito el criticar, calumniar y herir a los demás. Eran verdaderos domadores de pulgas. La maestra había dado el discurso adecuado en el lugar adecuado. Al ver que nadie hablaba, ella insistió:

—No sé cuánto tiempo voy a ser su profesora suplente, pero mientras esté con ustedes nuestro salón será un semillero de campeones. Para lograr eso tenemos que ayudarnos y motivarnos unos a otros.

En ese instante sonó el timbre que anunciaba la terminación de clases. Algunos jóvenes comenzaron a recoger sus cosas. La maestra fue hasta la puerta y la cerró con fuerza.

—¡Alto, muchachos! Nadie se retira hasta que hayan sanado un poco las heridas que le hicieron a su compañero.

Silencio.

—¿Quién empieza? —insistió.

Al fin, alguien levantó una mano. Era Beky. La maestra le dio la palabra.

—Quiero decirte, hermano, que eres muy valiente y muy bueno. Desde que... —titubeó mirando alrededor, después se animó a seguir—, desde que murió mamá yo he llorado mucho y tú siempre me has dado consuelo. Eres un amigo para mí —la voz se le quebró—, y nadie en este salón sabe del gran corazón que tienes —hizo una pausa—, gracias, Owin, por ser mi hermano y mi amigo... Te quiero mucho.

Beky volvió a su silla y se limpió la cara con la manga del suéter.

Algunos compañeros ni siquiera sabían que Beky y Owin eran huérfanos de madre, por lo que se sintieron conmovidos. Se escuchó una voz a la izquierda.

—Perdónanos por burlarnos de ti.

Las frases fueron sonando en uno y otro lado del salón.

—Eres inteligente. Sigue adelante.

—No te des por vencido.

—Puedes llegar muy alto. Alcanzarás todas tus metas.

—Supe que eres un excelente nadador. Quizá llegues a ser campeón olímpico.

—Todos te apreciamos...

—Owin, perdónanos. No te mereces las groserías que te hemos hecho.

Después de algunos comentarios más, volvió el silencio al salón. No sólo Owin Meneses había recuperado la alegría, todos en el grupo se sentían aliviados. Ese día aprendieron que es más gratificante decir halagos que insultos, dar reconocimiento que criticar, proferir bendiciones que maldiciones. Aquel día se quedó grabado para siempre en el corazón de los muchachos en esa clase, que todas las personas podemos soñar con altísimos ideales y saltar hacia ellos, imaginar grandes cosas y alcanzarlas, anhelar metas enormes y lograrlas, siempre y cuando nos neguemos a ser víctimas de los miles de "domadores de pulgas" que hay a nuestro alrededor.

—Pueden retirarse, muchachos —dijo la maestra—. Mañana nos vemos.

Los chicos comenzaron a salir.

Owin y Beky recogieron sus cosas despacio. Iban a ser los últimos en abandonar el aula, cuando la profesora los detuvo:

—No se vayan todavía. Quiero hablar con ustedes dos a solas.

Los gemelos esperaron que todos sus compañeros abandonaran el salón y finalmente se acercaron a la profesora.

—Hay algo muy importante que debo decirles... —comentó—. Soy maestra suplente y me envían por temporadas a diferentes planteles de la zona. Esta es una escuela conflictiva y nadie quiere trabajar aquí, pero yo revisé la lista de alumnos e identifiqué el nombre de ustedes... Son nombres fuera de lo común... Su madre siempre los mencionaba.

—¿U... usted conoció a nuestra mamá?

—Sí. En los cursos de asertividad.

Owin y Beky quedaron pasmados.

—Su madre era una gran mujer —continuó la maestra—. Siempre estaba alegre y luchaba por superarse cada día. Deben comportarse como hijos dignos de ella. No se acobarden ante los problemas... recuerden que todos los hombres importantes sufrieron infinidad de ataques. Cada héroe que ahora es venerado recibió cientos de agresiones mientras vivió. Piensen en eso y no se enfurezcan si los molestan o difaman. No crean al pie de la letra a quienes los critiquen. Si consideran que la opinión de los demás es muy importante, terminarán siendo "pulgas amaestradas". Nunca olviden que los criticones jamás trascienden; no dejan huella; se especializan en buscar los errores de la gente y difundirlos; incapaces de crear algo bueno, se dedican a desacreditar los esfuerzos de otros. Aunque suene alarmante, es una realidad que deben aprender: Hagan lo que hagan, siempre habrá personas en su contra. Digan lo que digan, no faltarán quienes cuestionen sus ideas. Aunque se porten bien, hablarán mal de ustedes. ¡Crean en sus sueños y vayan tras ellos! Pongan tapones a sus oídos y decídanse a hacer lo que anhelan. No finjan una personalidad diferente para que otros los acepten. Sólo sean legítimos, fuertes y decididos en sus objetivos. Si actúan con valor, cuando pase el tiempo se habrán convertido en personas que todos admirarán, pero eso no les importará. Mirarán atrás y dirán: "viví mi vida intensamente, hice lo que debí hacer, fui quien tuve que ser y, lo más importante, la felicidad colmó cada día de mi existencia".

Los chicos se quedaron reflexionando.

—Y usted, maestra —preguntó Beky después—, ¿aceptó el trabajo en esta escuela sólo porque identificó nuestros nombres?

—En parte sí, pero hubo otra razón —se detuvo como si estuviese a punto de decir un secreto de vida o muerte; luego agregó—: Tengo un don especial de percepción.

—¿Qué es eso? —preguntó Beky frunciendo las cejas.

—Adivino algunas cosas... a través de... lo que sueño. Estaba indecisa de aceptar el puesto de suplente aquí cuando soñé a muchos jóvenes insultando y arrojando bolas de papel a dos chicos... Pude "verlos" muy bien. Como comprenderán, a veces no me gustan mis sueños y me lleno de tristeza al saber que son cosas a punto de suceder.

Owin se acercó a su hermana como para protegerla y protegerse. La maestra sonrió un poco al ver ese gesto.

—No soy una bruja. En todo caso podría decirse lo contrario: Soy una amiga que quiere ayudarlos.

—¿Pero hay algo más, verdad? —preguntó Beky—. Es decir, aparte de las ofensas y las bolas de papel, usted *soñó* algo más sobre nosotros dos...

La maestra dijo que sí con tristeza.

—Soñé con su padre.

—Pa... pa... pa... papá está enfermo...

—Sí, aunque no físicamente. Su problema es emocional... No sabe cómo enfrentar su viudez. Sean comprensivos con él. Se ha "deshecho" para que ustedes "se hagan". Está confundido y acabado. Quizá comience a cometer errores graves... Deben saberlo: se avecina una terrible tormenta en su familia.

Owin tragó saliva y protestó:

—E... eso me asusta. No... no tiene idea de... de lo mal que nos ha ido u... últimamente.

La maestra lo miró con ternura. Beky cambió el tema y se despidió:

—Gracias por lo que hizo hace rato con nuestros compañeros... fue hermoso.

—Sí —confirmó Owin—, mu... muchas gracias.

Los siguientes días transcurrieron de forma extraña. El señor Meneses, en efecto, fue decayendo cada vez más. Se comportaba intolerante, colérico y nervioso. Llegaba del trabajo hablando solo y se encerraba en su habitación sin saludar a los chicos. Owin y Beky varias veces optaron por salirse de la casa para ir al deportivo municipal. Su madre les inculcó el amor por la natación, y aunque desde que ella murió dejaron de participar en competencias, pocas cosas los reconfortaban más que zambullirse en una alberca.

Por otro lado, cada día la maestra suplente les contaba historias de superación y, después de las clases, charlaba un rato en privado con ellos. Una tarde les dio su tarjeta personal a los hermanos y les dijo:

—Muy pronto tendré que irme. Aquí tienen mi número telefónico. Si la tormenta se vuelve insoportable, no duden en hablarme...

Otra vez había usado la misma comparación. Beky protestó:

—¿A qué *tormenta* se refiere, maestra...? ¡Háblenos claro!

—Prefiero no hacerlo... He estado soñando de nuevo con ustedes... y... han sido cosas... un poco... difíciles de explicar. Deben estar preparados para todo.

Owin y Beky salieron de la escuela confundidos. ¿Si la maestra conocía el futuro, por qué se empeñaba en anticipárselos echándoles a perder el presente?

Llegaron a su casa y, sin hacer comentarios, barrieron, lavaron los trastes y sacudieron. Después buscaron algo de comida en las alacenas. No había mucho; un frasco de mermelada endurecida, dos latas de sardinas y una bolsa añeja de cacahuates rancios. Se comieron todo, luego limpiaron la mesa y pusieron frente a ellos sus cuadernos de tareas.

El señor Meneses solía regresar del trabajo a las cinco de la tarde. Ese día dieron las seis, las siete, las nueve, las once, y no llegó. Owin y Beky, se preocuparon mucho. Los pensamientos destructivos llegaron a sus mentes y se volvieron cadenas paralizantes.

Beky pensaba: "Tal vez mi papá decidió abandonarnos. Quiere iniciar una nueva familia y nos ha dejado para siempre."

Owin pensaba: "Papá anda en la calle tratando de olvidar sus problemas. Quizá le ocurra un accidente y muera también."

Esas ideas les produjeron un terrible peso de esclavitud. No podían moverse, pero tampoco podían dormir. Fue una noche mala, llena de fantasmas.

Cuando salió el sol se vistieron con mucha lentitud. De pronto, quedaron helados al ver a su padre parado en medio de la estancia. Estaba sudando, lleno de tierra, con los ojos inyectados de sangre y un costal mugriento sobre el hombro.

REPASO DE CONCEPTOS

01. Criticar a los demás se ha convertido en un deporte mundial que produce amargura, y la amargura se contagia...

02. Suena drástico, pero es verdad: Hagas lo que hagas, siempre habrá personas en tu contra; digas lo que digas, no faltarán quienes cuestionen tus ideas; aunque te portes bien, hablarán mal de ti.

03. Cree en tus sueños, ve tras ellos y no te enfurezcas si te difaman o critican. Es parte del camino hacia el éxito.

04. Tú serás una persona importante, y todas las personas importantes han sufrido infinidad de ataques.

05. Si actúas con valor, a la larga te convertirás en una personalidad, pero eso no te importará porque dirás: "viví mi vida intensamente, hice lo que debí hacer, fui quien tuve que ser y, sobre todo, la felicidad colmó cada día de mi existencia".

PREGUNTAS PARA REFLEXIONAR

01. Haz un pacto con tus amigos: De ahora en adelante vigílense mutuamente para detectar e interrumpir las críticas que hacen a los demás. Quizá se sorprendan de cuan acostumbrados están a hablar mal de otros y de lo poco constructiva que suele ser su conversación.

02. Menciona algunos de los ataques verbales que has recibido y describe cómo te han afectado.

03. Escribe una lista de las críticas y difamaciones que quizá recibirás en el futuro. Analízala bien y acepta que triunfarás y lograrás tus metas a pesar de esa lista.

4

OBSERVA EL RADAR DE LAS EMOCIONES

*E*l señor Meneses parecía un loco recién escapado del manicomio.

—¿Dónde andabas, papá? ¿Ya te sientes mejor?

—Sí. Estoy bien. Les tengo una noticia: ¡Vamos a irnos de aquí! Renuncié a mi trabajo.

—¿Re... renunciaste? ¿Y... y de qué vamos a... a vivir?

—Me dieron dinero. Con eso iremos a otra ciudad donde nadie nos conozca. Si tenemos suerte, mañana cruzaremos la frontera.

—No... no... pode... podemos irnos, sie.. siempre hemos vivido aquí, te... tenemos muebles. Además, a... a mamá le gustaba esta casa.

—¡Su madre se fue para siempre! ¡Los muebles son viejos! ¡Esta casa apesta! ¡Debemos once meses de renta y el dueño me ha amenazado! Preparen sus cosas... Nos iremos de inmediato.

Bajó el costal mugriento que había traído y dio por terminada la discusión.

Owin y Beky se sintieron lastimados. Tardaron varios minutos en reaccionar. ¿Qué le pasaba a su padre?

—Vamos —dijo la muchacha resignada.

Con movimientos reacios, metieron ropa y algunos libros en una maleta vieja. Aunque tenían pocas pertenencias la valija se llenó.

—¡Esto pesa mucho! —los regañó su papá cuando pasó junto a ellos dirigiéndose al sanitario—, ¡con tantas porquerías no podremos cruzar la frontera! Saquen todo y vuelvan a empacar. ¡Sólo lo indispensable!

Owin se puso de pie y se asomó a la cama de su padre con la intención de ver cómo estaba empacando él. En una mochila había acomodado ropa y otras cosas provenientes del costal recién traído.

—¿Qué... qué es... esto? —cuestionó.

Beky se acercó, abrió mucho los ojos y sintió miedo.

—¡Herramientas electrónicas! ¡Tienen el sello de la empresa de mi papá!

El señor Meneses salió del baño y sorprendió a los chicos inspeccionando su valija.

—¡No toquen nada! —gritó—. ¡Dedíquense a lo suyo!

Owin se apartó presuroso, pero Beky se quedó quieta en actitud de reto. Por lo que a ella tocaba, no aceptaría formar parte de un circo de pulgas nunca más. Ni aún en su propia casa.

—Tienes que explicarnos qué es esto, papá —exigió la joven—, ¿lo robaste?

El hombre se mostró ofendido.

—¡No te interesa!

—Sí me interesa. ¡Lo que tú hagas nos afecta a nosotros!

Waldo Meneses apretó los puños y caminó por la estancia furioso.

—De acuerdo. Está bien. Mis jefes son unos pillos, unos explotadores, me hubieran mandado a la calle sin un centavo, así que ayer me quedé en la empresa de noche, entré al almacén de valores y cobré mi liquidación *yo mismo*.

Los muchachos se quedaron inmóviles como estatuas. ¿Su padre era un ladrón?

Owin murmuró:

—E... entonces es me... mentira que... que te dieron dinero.

—Bueno, vendí algunas herramientas. Con eso compré los boletos del autobús para irnos de aquí.

—¡Vendiste herramientas robadas! —dijo Beky—. Y nos vamos porque estamos huyendo, ¿no es cierto?

—Eso suena muy exagerado. Nadie nos persigue. Es difícil que hayan notado el faltante tan pronto.

—¡Pero tarde o temprano lo notarán, papá!

—Y ya no estaremos aquí. ¡Así que apúrense!

Media hora después, la pequeña familia salía de la casa llevando dos mochilas deterioradas y un costal grasiento con lo más esencial. Se dirigieron a la estación de transporte público y, poco después, viajaban hacia la frontera en un autobús de segunda clase.

Owin miraba por la ventana sin decir nada. No entendía cómo es que su vida estaba dando un giro tan radical. Recordó los malos pronósticos de la maestra y se le hizo un vacío en el estómago. Había relámpagos que amenazaban tempestad. Estaban dejando la casa donde vivieron siempre, abandonando su alberca del deportivo municipal, renunciando a los recuerdos de una existencia feliz al lado de su madre, y obedeciendo a un padre que no había demostrado mucha inteligencia últimamente.

—Tengo ganas de llorar —dijo Beky.

—Yo... yo también —contestó su hermano.

Emociones de temor, tristeza y coraje habían confluído en el corazón de ambos. La tarde comenzaba a declinar y los últimos rayos oblicuos de un sol que se había ocultado ya avivaban el ambiente con luz ambarina. En pocos minutos sobrevino la oscuridad de la noche. Fue un viaje largo y tortuoso. El autobús hizo algunas paradas para cargar combustible y dejar que los pasajeros estiraran las piernas.

Amaneció y volvió a atardecer. Cuando llevaban treinta y seis horas de viaje, la chica sacó el cuaderno de apuntes personales de su madre y lo abrió. Owin se acercó. Beky tomó la iniciativa de nuevo y leyó en voz alta. El cuaderno decía:

EL RADAR DE LAS EMOCIONES

En los cursos he aprendido que vivir es como conducir un automóvil. Debo manejar con habilidad y atención, sin pisar el acelerador a fondo en momentos de oscuridad y tormenta, porque puedo sufrir un accidente fatal.

Los hermanos dejaron de leer unos segundos y se miraron.

—¿Di... dice "en momentos de oscuridad y tormenta"? —preguntó Owin.

—Sí.

Voltearon a ver a su padre. Tenía los ojos cerrados y trataba de dormir. Se movía. Apretaba los párpados y murmuraba boberías. Su cuerpo parecía exhausto, pero su conciencia no lo dejaba relajarse.

—Si... sigue leyendo, hermana.

En momentos difíciles, necesito frenar un poco para esquivar los obstáculos.

Las emociones se reflejan en un radar, me hacen bajar la velocidad y analizar el camino. Por eso, las emociones son buenas. Aún las que parecen malas.

El **miedo** me permite detectar el peligro y huir de él. Es el más útil mecanismo de defensa. Cuando sentimos miedo, frenamos, calculamos el paso más seguro y volvemos a acelerar, esquivando los riesgos innecesarios.

La **culpa** también puede ser buena; me lleva a reconocer mis errores y a cambiar de dirección para no equivocarme de nuevo.

La **sensación de ignorancia** me induce a estudiar y a crecer.

El **orgullo** me lleva a amarme a mí misma y a defender mis derechos.

La **ira** me hace rebelarme contra las cosas que están mal y luchar por el bien.

Las emociones son útiles. No trataré de reprimirlas. Lloraré si estoy triste, reiré si estoy alegre, callaré si estoy nostálgica, me desahogaré si estoy enfadada. No hay nada peor que una persona insensible, con mente de robot, sangre de aceite y corazón de piedra.

Los pensamientos deben pulirse, los sentimientos, sentirse. Son señales de **frenado y reacción.** Pueden salvarme la vida.

De igual manera, debo mantener **el control emocional y evitar los extremos:** no detenerme totalmente motivada por las emociones. El que para su auto por completo deja de progresar, madurar, disfrutar la vida, y comienza a enloquecer, pues queda atrapado dentro de un espacio cerrado, y las emociones (que eran útiles), se convierten en cadenas de prisión.

A partir de hoy manejaré con agilidad y esmero, en un movimiento continuo hacia delante, poniendo mucha atención al radar de emociones para atravesar con éxito las tormentas del camino.

Comenzaba la segunda noche que pasarían en el autobús y casi había oscurecido por completo. Owin y Beky no dijeron nada, pero en su mente se repetían las frases que acababan de leer e imaginaban que era su madre misma quien las decía.

El viaje a la frontera duraría doce horas más.

Cuando el sol salió, no lo hizo francamente. Rayos de luz atravesaron con dificultad densas nubes que habían tapizado el firmamento. Estaba lloviendo. La ciudad a la que se dirigían, además de frontera era costa, y un fuerte ciclón tomaba forma en el océano.

Los limpiadores del autobús se movían de un lado a otro para despejar el parabrisas. Se antojaba que fuera domingo, permanecer en casa con la familia y quedarse recostado frente al televisor comiendo galletas con leche... Pero dadas las circunstancias, el panorama era triste.

Beky se dirigió a su padre por primera vez en el viaje y le preguntó con voz suave:

—¿Por qué estamos haciendo esto?

El hombre se giró para verla con expresión de recóndita desolación.

—Porque soy un idiota... —respondió.

—¡Papá! ¡Regresemos! Devuelve lo que tomaste...

—No puedo. Además de robar, hice otras tonterías. Les falté al respeto a mis superiores. Grité cuando debí permanecer callado y callé cuando tuve que hablar. Discutí tontamente y me hice de muchos enemigos; ahora sólo me resta desaparecerme del mapa.

Los jovenes movieron la cabeza en señal de desacuerdo y no objetaron más.

Cerca de las diez de la mañana, después de dos días y dos noches de camino, el autobús arribó a su destino. La estación fronteriza estaba lodosa y con baches llenos de agua.

Cuando el enorme vehículo terminó de estacionarse siseando con los frenos de aire, ocurrió algo que sustrajo el aliento a los muchachos: El señor Meneses dio un fuerte golpe en la codera de su asiento al mirar por la ventana. Un grupo de policías armados esperaban en el cobertizo la llegada del autobús.

REPASO DE CONCEPTOS

01. Todos vivimos como regidos por un radar que detecta nuestras emociones y nos indica si debemos acelerar o frenar.

02. Las emociones positivas, como la alegría, el entusiasmo y la euforia, nos inducen a acelerar. Las emociones negativas, como el miedo, la vergüenza o la tristeza, nos impulsan a frenar.

03. Debemos observar el radar de emociones porque puede salvarnos la vida. Por otro lado, no podemos detenernos totalmente motivados por las emociones pues comenzaríamos a enloquecer.

04. Tú eres un campeón. Los campeones avanzan decididos, disminuyen su velocidad cuando perciben una emoción de frenado, y ponen mucha atención para atravesar con éxito las tormentas del camino.

REPASO DE CONCEPTOS

01. Haz una lista de quince emociones distintas, ¿son emociones de frenado o aceleración? Clasifícalas.

02. Las cosas que van sucediendo durante el día te producen emociones. Menciona una que hayas sentido en los últimos días y explica qué mensaje había en ella.

03. ¿Alguna vez te has sentido mal, sin saber por qué? ¿Descubriste la razón? Relátalo. ¿Qué debemos hacer cuando nos sentimos irritados o tristes sin saber por qué?

04. Haz un análisis de tu vida y escribe las tres emociones que te han acompañado con mayor frecuencia. ¿Qué significan?

5
¿PASIVO AGRESIVO O ASERTIVO?

*L*os pasajeros comenzaron a bajar del autobús.

El señor Meneses se acercó a sus hijos y dijo:

—Tengo que confesarles algo. La otra noche, en la empresa... —echó un furtivo vistazo alrededor—, abrí la oficina del gerente y saqué el dinero de la caja chica...

Extrajo de su bolsa un pequeño fajo de billetes; no eran muchos, pero suficientes para fugarse del país. Owin y Beky escuchaban aterrados.

—Esos policías... —continuó Waldo Meneses—, tal vez me busquen a mí. Tendremos que separarnos —quitó la liga de los billetes y le dio a los niños la mitad—. Yo puedo escapar si estoy solo. Juntos nos atraparían. Bajen y caminen disimuladamente. Vayan a la plaza central del pueblo, frente a la catedral. Ahí los veré.

—No... no papá —dijo Owin.

—Tengo miedo —comentó Beky.

Al mencionar la palabra *miedo*, ambos recordaron los apuntes y se dieron cuenta que era una emoción de frenado. ¡Había que detener a su padre en esa loca idea y corregir el rumbo!, pero ¿cuál era el correcto?

—Las cosas empeorarán —lo intentó Beky—, es mejor entregar todo y pedir perdón.

—¡No digas tonterías! Si hago eso me meterán a la cárcel.

—¡Pero papá, de todas formas...!

—¡Cállate!

El señor Meneses comenzó a temblar, y chorros de sudor le corrieron repentinamente por la cara. Emitió algunos pequeños gemidos...

—Déjenme. Váyanse ya. ¡Pronto!

Los muchachos se repartieron el dinero y lo escondieron en el interior de sus zapatos. Tomaron, como único equipaje, la libreta de su madre. Se pusieron de pie y caminaron hacia la salida del autobús. Frente a ellos, una señora obesa intentaba pasar por la puerta con cuatro bolsas de plantas y comida. Varios hombres trataban de ayudarla desde abajo.

—Si nos da los paquetes, podrá salir mejor.

—No hace falta. ¡Yo puedo hacerlo!

Verla en su terca obstinación de cruzar con semejante cargamento por un espacio en el que a duras penas cabía ella sola, era digno de asombro e hilaridad. Cuando al fin pudo dar el último paso, una de sus bolsas de plástico reventó, ella tropezó y un florilegio de verduras se regó por el suelo.

Mientras policías y mirones ayudaban a la voluminosa mu-

jer a levantarse, los niños aprovecharon para bajar con caute-
la del autobús y caminar hacia la estación. Se ocultaron detrás
de un enorme pilar y observaron a lo lejos. La señora gorda se
había incorporado y trataba de atar sus verduras con el plástico de la bolsa rota. Los pasajeros estaban recogiendo sus res-
pectivas maletas.

Owin y Beky guardaron el aliento y se quedaron quietos.
Frente a ellos, en el pilar, había un póster publicitario en el que
se invitaba a todos los transeúntes a participar en una conven-
ción internacional de comunicación eficaz.

Beky lo observó y dijo a Owin:

—Esas clases son como las que tomaba mamá. Si salimos
bien, sería bueno asistir con papá a ellas ¿no crees?

Owin miró el póster sin mucho interés. Estaba demasiado
nervioso como para planear argucias educativas, sin embargo,
la publicidad impresa le pareció interesante. Decía:

Cuando tiene problemas con la gente, usted se comporta:

PASIVAMANTE? —callado, inhibido, manipulado por otros,
enojado en secreto y lleno de rencor.

AGRESIVAMENTE? —autoritario, violento, decidido a
todo, malhablado, dispuesto a pelear.

ASERTIVAMENTE? —en el punto medio entre la pasividad
y la agresividad. Hablando con franqueza sin ofender, siendo
sincero sin irritar, defendiendo su dignidad, sin manipular.

La asertividad es una destreza que se desarrolla con la práctica. Nadie nace asertivo. Serlo es una muestra de madurez y
equilibrio.

Asista al curso sobre comunicación eficaz y aprenda las técnicas esenciales..!

Owin dejó de leer porque Beky quiso despegar el cartel publicitario, pero estaba adherido con un fuerte pegamento.

—¡De... deja eso... Mi... mira para allá!

Los pasajeros recién llegados en el autobús se habían retirado llevándose sus maletas. En el enorme compartimiento sólo quedaban dos mochilas viejas y un costal mugriento.

El policía que parecía al mando se asomó al interior del autobús sorprendido porque no bajaba nadie más. Ordenó a sus subalternos primero que revisaran la etiqueta de las maletas olvidadas, y después que las abrieran. De inmediato hallaron los aparatos robados. Entonces comenzaron a actuar con rapidez. Dos de los agentes subieron al autobús. Los chicos temían lo inevitable. Con toda seguridad, hallarían a su padre escondido entre los asientos. Owin lo imaginó apareciendo con las manos en alto, tratando de huir y siendo acribillado a balazos por los policías.

—¡No, Dios mío! —murmuró—. Haz que mi padre actúe tranquilamente...

Uno de los oficiales bajó del autobús y gritó con fuerza:

—Aquí adentro no hay nadie. O el señor Meneses no venía en el camión o escapó sin que lo viéramos.

—¡Búsquenlo por los alrededores!

Owin murmuró aterrado:

—Di... dijeron "señor Meneses". ¡Quie... quieren capturar a... a papá!

—¡Vámonos de aquí! —sugirió Beky.

Echaron a correr tan repentinamente que el movimiento fue notorio para los policías que miraban alrededor.

—¿Vieron esos niños? —preguntó el comandante, y acto seguido ordenó—: ¡Vayan tras ellos!

La estación de autobuses estaba colmada de transeúntes. Como en un videojuego, Owin esquivó, obstáculos, pilares, sillas y gente que iba y venía. Beky no tuvo la misma habilidad. Cometió el error que cometen los corredores novatos: mirar hacia atrás. Al hacerlo se topó con un viajero y rebotó cayendo al suelo. Se levantó, pero volvió a girar la cabeza y se tropezó de nuevo. Los policías la alcanzaron.

—¿A dónde vas con tanta prisa, niña? —la detuvieron de los brazos para llevarla de vuelta con el comandante.

Owin llegó a la calle jadeando y se agazapó de espaldas a la parcd del edificio esperando a Beky. ¿Dónde estaba? Quizá en el intento de esconderse había tomado un camino distinto. Regresó sobre sus pasos con mucho sigilo. Recorrió lentamente la enorme y concurrida sala general de la estación. Miró de un lado a otro. Fue inútil. Salió de nuevo y cruzó al otro lado de la calle. De frente al edificio, echó un amplio vistazo a la acera. Su hermana no estaba. De pronto, sintió una mano como de hierro que le apretaba el cuello.

—¿Buscas a alguien? —le preguntó un policía.

—N... no... —contestó—, e... estoy esperando que.. que llegue mi... mi tío... en un autobús.

—¿De veras? ¿Entonces no te importa que castiguemos a una niña que acabamos de capturar?

—¿Be... Be... Beky?

—Sí, Beky.

El agente atravesó la calle llevando al chico de regreso sin aflojar la presión que ejercía sobre su cuello.

REPASO DE CONCEPTOS

01. Existen tres formas de reaccionar ante los problemas: Pasiva, agresiva o asertivamente.

02. La pasividad es producto de la inseguridad: Si alguien, se encuentra en un país ajeno y no domina el idioma, será pasivo en las discusiones. Lo mismo le ocurrirá a quien tema, y le afecte demasiado, cometer errores. El pasivo se comporta callado, inhibido, manipulado por otros y, en ocasiones, enojado en secreto.

03. La agresividad también proviene de la inseguridad, pero se manifiesta de forma opuesta: con autoritarismo, violencia y malas palabras.

04. Cuando alguien se siente seguro de sí mismo, deja de ser pasivo o agresivo y se comporta en el punto medio: Hablando con franqueza sin ofender; siendo sincero sin irritar; defendiendo su dignidad, sin manipular. Esto se llama ser asertivo. Es una muestra de madurez.

PREGUNTAS PARA REFLEXIONAR

01. Cuando te sientes inseguro ¿cómo sueles comportarte? ¿Pasiva o agresivamente? ¿Qué consecuencias te ha traído portarte así?

02. Describe a dos personas que conozcas bien, una pasiva y otra agresiva. ¿Qué piensas de ellas, en general?

03. Describe a una persona asertiva. ¿Conoces a alguien así?

04. La asertividad se desarrolla con tres factores ¿cuáles son?

05. A partir de ahora, trata de no ser agresivo ni pasivo. Concéntrate en fortalecer los tres factores que te harán asertivo.

46

6 EL JUEGO DE LA MANIPULACIÓN

*F*rente al autobús, cuatro policías uniformados y tres vestidos de civil habían vaciado las mochilas sobre el piso mojado. La ropa de los mellizos estaba siendo esculcada minuciosamente en el lodo. Los aparatos electrónicos habían sido separados y resguardados sobre una manta seca. Beky, fuertemente afianzada por un oficial, miraba la escena.

—Ya encontramos a tu hermanito.

El que parecía de mayor rango caminó hacia un pequeño privado y ordenó:

—¡Traigan a los muchachos!

Owin y Beky fueron conducidos a la oficina. En realidad se trataba sólo de una bodega para utensilios de aseo. En el inte-

47

rior había escobas, cubetas, jabones y dos sillas apretujadas. Los vidrios pintados daban al pequeño recinto la apariencia de un sanitario público sin inodoro.

—No escaparán, ¿verdad amigos?

Movieron la cabeza.

—¡Suéltenlos! —los subalternos obedecieron. Owin se sobó el cuello; Beky la muñeca—. Tomen asiento. Soy Hermenegildo López, jefe de investigaciones fronterizas. Su padre fue reportado por la policía judicial como el presunto responsable de haber provocado un incendio en su empresa. Según tenemos entendido, el señor Waldo Meneses entró a las oficinas ilegalmente y vació combustible. Después salió y les prendió fuego. Por fortuna, los bomberos llegaron a tiempo y pudieron evitar una tragedia mayúscula, pero varias habitaciones con archivos importantes se quemaron.

Los chicos tenían la boca seca. ¿Entonces no buscaban a su padre sólo por el robo de herramientas y dinero sino también por haber tratado de quemar su compañía? ¡Cuántas terribles sorpresas!

—Ahora ustedes me ayudarán a encontrarlo. Si él se entrega, seremos benevolentes, pero si continúa huyendo, lo meteremos a la cárcel de por vida.

Beky miró hacia el suelo y sintió que la tierra se movía.

—¿Van a cooperar?

La joven dijo que sí, pero Owin le tomó la mano y la apretó para que se mantuviera callada.

—No traten de hacerse los héroes —dijo el policía—, el hombre a quien buscamos llegó con ustedes en ese autobús. Saben adónde se ha ido, ¡así que díganmelo!

Beky miró con ojos suplicantes a su hermano como diciéndole "tenemos que hablar, es por el bien de todos", pero Owin negaba con la cabeza.

El comandante López usó otra estrategia de tortura:

—Ustedes también —comentó muy despacio—, pueden ser acusados de cómplices. Si ocultan información a la policía los encerraremos en un centro de rehabilitación para delincuentes juveniles. ¡No se imaginan lo que es eso! Han sido un par de rebeldes. Sálvense a tiempo y limpien su conciencia. Según supe, le provocaron tantos corajes a su madre que murió por culpa de ustedes... No le hagan lo mismo ahora a su padre.

Beky protestó sin poder evitar un mohín de rabia:

—¡Mi madre murió de cáncer!

—¡Claro! ¿Ven lo que digo? El cáncer proviene de las zozobras y tensiones —mintió el comandante—. ¡Y ustedes le produjeron eso a su mamá! No lo pueden negar. Saben que es cierto. Tienen la culpa de todo lo malo que ha pasado en su casa. Pero, afortunadamente, me conocieron a mí. Yo les voy a dar la oportunidad de corregir el rumbo de su vida y ser buenos por primera vez.

Beky sentía que le faltaba el oxígeno. Owin se mantenía impasible.

—¿Dónde está su papá?

—No... no se... se lo diremos.

—Por lo visto   continuó Hermenegildo—, desconocen los castigos que recibirán. Ignoran el código penal de la frontera. Si tan sólo supieran... —suspiró de forma teatral—. Están violando leyes muy importantes.

Beky se acercó a Owin y le habló al oído entre lágrimas de angustia.

—Hay que decirle...

Owin movió la cabeza con firmeza. Hermenegildo López miró a los chicos y fue hasta la puerta.

—Jamás han estado presos, ¿verdad? Algunos jóvenes acaban suicidándose. Sienten sofoco y claustrofobia. A ustedes y a su padre les pasará eso si no cooperan. Prueben un rato mientras se ponen de acuerdo.

El verdugo salió del privado cerrándolo con llave por fuera. En cuanto la puerta se cerró, la improvisada prisión quedó en penumbras. Sólo entraba luz por una franja superior del vidrio mal pintado. Beky se había quebrantado. No podía con la carga que el comandante Pérez había puesto sobre sus hombros. Owin, en cambio, trabado por el coraje, detectaba la manipulación de la que habían sido objeto, y eso lo enfurecía aún más.

—Confesemos —sugirió ella—. Digámosle al oficial dónde hallará a papá.

—E... este tipo es muy... muy malo —dictaminó Owin—. Si... si... esto nos hace a nosotros, i... imagínate lo que le hará a él. Además, se burló de mamá. Dijo que tú y yo la matamos. E... es un mentiroso, desgraciado. No, no no.... No quiero cooperar con él...

Como parte de la tortura psicológica que perpetraba, el policía decidió dejar a los chicos encerrados durante casi dos horas. En ese tiempo, Beky se calmó y Owin regresó poco a poco a sus cabales.

Analizaron el lugar. La puerta estaba cerrada con llave y no había por dónde fugarse. Tenían que esperar. Owin leyó al azar una página de la libreta de su madre y comenzó a reírse; luego se la dio a Beky para que la revisara.

—Mi... mira lo que di... dice aquí...

Las meditaciones de su mamá contenían un mensaje casualmente compatible:

He estado poniendo atención a mi radar de emociones para frenar y acelerar, sin embargo, he descubierto que otros pueden manipular ese radar.

Las emociones provienen del pensamiento. Si alguien asegura que mi esposo me engaña, me siento traicionada; si dicen que recibiré un terrible castigo, el miedo me domina, si dicen que mis hijos sufrieron un accidente, me embarga una angustia terrible. ¡Pero todo puede ser mentira o exageración para inducirme emociones!

Hoy he aprendido que a muchas personas les agrada jugar este juego. Se llama manipulación. El manipulador tratará de influir en mí con frases como: "¿No has leído ese libro?, ¡es increíble!", "¿no estás al tanto de la última noticia?, ¿en qué mundo vives?", "eres una ignorante", "reconócelo, te equivocaste otra vez", "todo lo haces mal", "consulta antes de actuar", "me has hecho daño", "¡qué decepción!", "nunca lo creí de ti", "pero recibirás tu merecido", "te arrepentirás", "no sabes lo que te espera".

51

Cuando el manipulador usa esas frases está jugando a la guerra emocional: Su objetivo es quebrantarme. Él gana si logra hacerme sentir vergüenza, culpa, tristeza, ira o miedo; yo gano si me mantengo tranquila, alegre e indiferente.

Algunos manipuladores incluso llegarán al extremo de cometer injusticias conmigo, tratando a toda costa de intimidarme. No caeré en esa trampa. El tirano casi siempre tiene un superior al que rendirle cuentas. Tendré el valor de levantar la voz con seguridad y advertirle que deseo hablar con su jefe para quejarme.

Aprenderé a defenderme en el juego de la manipulación. Con mucha frecuencia estaré en medio de él, aunque no quiera. Es parte de la vida porque estoy rodeada de gente a la que le fascina jugarlo.

Beky se limpió la cara y sonrió también.

—¡Es increíble lo que dice esta libreta!

En ese instante, alguien introdujo con lentitud una llave en la chapa exterior de la puerta y la giró poco a poco.

Era Hermenegildo López.

CONTROL EMOCIONAL: DEFIÉNDETE EN EL JUEGO DE LA MANIPULACIÓN

REPASO DE CONCEPTOS

01. Los pensamientos intensos o repentinos se convierten en emociones, y las emociones te hacen frenar o acelerar. Si una persona logra influir en tus pensamientos de manera drástica, tendrás emociones provocadas y quizá terminarás actuando como le conviene a esa persona.

02. Ponte alerta cuando alguien te diga frases que te produzcan emociones de vergüenza, culpa, tristeza, ira o miedo. Tal vez te estén tratando de manipular.

03. Algunos manipuladores cometerán injusticias contigo. Ten el valor de levantar la voz con seguridad y advertirle al tirano que deseas hablar con su jefe para quejarte.

04. Evita caer en el juego de la manipulación. Estás rodeado de gente a la que le fascina jugarlo.

PREGUNTAS PARA REFLEXIONAR

01. Piensa en un amigo o familiar a quien conozcas bien. ¿Qué frases le harían sentir miedo, ira, tristeza o culpa? ¿Te das cuenta lo fácil que sería manipularlo? Ahora piensa lo fácil que sería para otras personas manipularte a ti.

02. ¿Qué beneficios crees que obtendría un manipulador perverso al infundirte emociones negativas?

03. Describe un momento de tu pasado en el que, sin saberlo, te dejaste manipular por alguien.

04. ¿Qué acciones concretas puedes realizar para no cacr fácilmente en el juego de la manipulación?

52

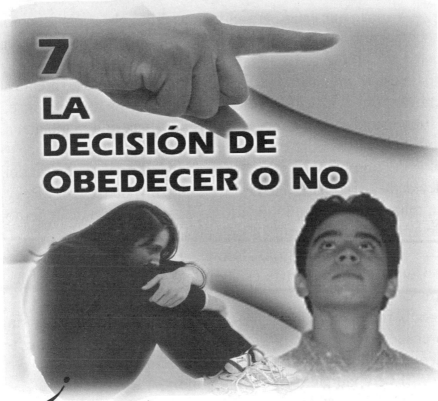

7
LA DECISIÓN DE OBEDECER O NO

—¿Cómo les ha caído el encierro? —preguntó Herme-negildo López.

Los chicos se quedaron callados. En realidad estaban mucho más tranquilos y seguros que antes.

—Vengan conmigo —dijo el comandante comenzando de nuevo el juego de la manipulación—. ¿Observan las marcas sobre el costado del autobús? Su padre se descolgó por esa ventana y cayó al suelo. Aquí mismo. Tenemos evidencias de su delito y de su mala fe. Puedo hundirlo para siempre, ¡y a ustedes también!, pero voy a ser compasivo si me ayudan a encontrarlo pronto.

Otro autobús de pasajeros que abandonaba los andenes pasó frente a ellos con lentitud y se encaminó a la salida. Owin lo miró fijamente.

—Ya sé lo que estás pensando —aseguró el policía—, pero no creo que tu padre se vaya de esta ciudad dejándolos a ustedes dos aquí solos.

En ese momento, se escuchó un fuerte impacto de metales chocando y el inconfundible fragor de vidrios rompiéndose. Hubo gritos y confusión. Un automovilista que manejaba a toda velocidad sobre la avenida se había incrustado en el costado del autobús que salía. Los policías corrieron al sitio del accidente. El comandante López caminó un poco. Owin y Beky se miraron un segundo; con los ojos se pusieron de acuerdo de inmediato y echaron a correr en sentido contrario.

—¡Alto ahí! —les gritó Hermenegildo López.

Como sus subalternos estaban lejos, corrió él mismo detrás de los chicos.

Salieron a la calle, cruzaron al otro lado de la acera sin precaución y, aunque el tráfico se había detenido por el accidente, alguien les tocó el claxon a lo lejos.

—¡El comandante viene siguiéndonos! —dijo ella.

—¡Co... corre! —exigió él—, no... no voltees.

Atravesaron calles y avenidas. Entraron a un mercado y trataron de perderse entre al gente, echaron un vistazo hacia atrás y detectaron a su perseguidor.

—¡Ahí viene!

En un acto desesperado por escabullirse, levantaron el mantel de plástico de la mesa en una carnicería y se metieron debajo. Había vísceras y desperdicios de animales por doquier. Se taparon la boca para no respirar. Después de unos minutos, salieron. Hermenegildo López había pasado de largo. Un hombre de traje oscuro, estático frente al puesto de carne, los había visto salir debajo de la mesa y no les apartaba la mirada. Los chicos dudaron.

—Vengan conmigo —les dijo.

Necesitaban tanto la ayuda de una mano amiga, que lo siguieron. El hombre entró a una librería y dentro del local abrió la puerta de madera que comunicaba a un modesto despacho.

—Pasen, pronto.

Beky sintió miedo y detuvo a su hermano. No debían arriesgarse a ser encerrados otra vez, pero Owin le hizo un ademán de confianza. El sujeto entró con ellos a la oficina y preguntó:

—Los persigue la policía, ¿verdad?

Owin y Beky se quedaron callados.

—No teman —dijo el hombre cuya elegancia desentonaba en el mercado—, no los acusaré. Pero deben saber que muchas veces debemos detenernos cuando una autoridad nos los exige. Suele ser por nuestro bien.

Beky, todavía con el corazón acelerado, protestó:

—¿Y si la autoridad está equivocada? ¿Y si tiene malas intenciones? ¿De todos modos debemos detenernos y obedecer?

El hombre abrió mucho los ojos.

—Bueno, eso es diferente.

Al ver que titubeaba, Owin se animó a devolverle la lección:

—¡E... en la vida nadie puede obligarnos a detenernos! Pa... para eso están las emociones propias: Cua... cuando sentimos miedo, vergüenza, coraje o... o... o tristeza, debemos frenar un poco y reaccionar porque quiere decir que e... e... estamos haciendo algo mal, pero si o... otra persona trata de causarnos esas emociones es po... porque desea manipularnos a su antojo.

El sujeto de traje negro frunció las cejas. Había tratado de brindar un simple consejo a dos pillos de la calle y se encon-

55

traba de pronto en medio de un debate filosófico. Bajó su bolsa de filetes recién comprados y opinó:

—A veces los padres o maestros tratan de infundir emociones a sus niños para que se detengan en una conducta equivocada, ¡y eso está bien!

—¡E... es ma... manipulación! —aseguró Owin.

—No necesariamente. Creo que las autoridades *tienen derecho* —acentuó las palabras—, a hacernos sentir miedo, vergüenza, coraje o tristeza, si es por nuestro bien.

—¿Y cómo sabremos si es por nuestro bien? —cuestionó Beky.

—Bueno, analizándolo: Pregúntense siempre: ¿la persona que me da una orden, me ama, me envidia o me odia? ¿Si yo la obedezco, ella gana algo que le conviene, pero me perjudica a mí? ¿Se preocupa realmente por mi bienestar o sólo le interesa el suyo? ¿Me exige que guarde el secreto? ¿Está dentro de sus cabales? ¿No se halla ofuscado en grado extremo, bajo el efecto del alcohol o la droga? ¡Analizar esto es clave para saber si debemos obedecer o no!

—He... hermana. Ya vámonos —murmuró Owin—, se... se nos va a hacer tarde.

El hombre fingió no escuchar al muchacho y concluyó:

—¡Si detectan que una autoridad tiene buenas intenciones, están obligados a escucharla y obedecerla!

Beky resumió el argumento opuesto:

—Pero, usted lo ha dicho: podemos desobedecerla si a esa autoridad no le interesa nuestro bienestar, nuestra familia o nuestro futuro; si nos exige que guardemos el secreto, si ha tomado alcohol o droga, está fuera de sí o trata de utilizarnos para obtener algo que le favorece a ella y nos perjudica a nosotros. ¿No es cierto?

—Así es.

—Pues ese policía quiere atraparnos para usarnos como carnada y capturar a papá. A él no le importa si somos huérfanos de madre y estamos en la ruina. ¡Se burló de eso! Tampoco le interesa cuánto hemos sufrido ni cuánto sufriremos si meten a mi padre a la cárcel. Al obedecerlo, él nos perjudicará enormemente y se beneficiará recibiendo una simple felicitación.

—¡Vaya! —dijo el hombre—, ustedes sí que son inteligentes.

En ese momento Hermenegildo López entró a la librería y tocó la puerta del despacho.

—¡Abran! —dijo desde afuera—. Estoy buscando a unos jóvenes. ¡Me dijeron que se escondieron aquí!

Hubo unos segundos de silencio. Beky palideció y Owin comenzó a retorcerse los dedos.

—¿Qué... qué ha... hacemos?

El hombre de traje negro hizo una señal para que lo siguieran al fondo del despacho. Había un pequeño sanitario sobre cuyo lavabo se proyectaba la burda herrería de dos ventanitas viejas que parecían haber permanecido cerradas durante mucho tiempo. Jaló una de las manijas y el marco se desprendió de las bisagras.

—Salgan por aquí. Tengan cuidado al caer del otro lado.

Ayudó uno a uno a los chicos.

Hemenegildo López seguía llamando a la puerta cada vez con más insistencia.

REPASO DE CONCEPTOS

04. A veces los padres o maestros tratan de infundir emociones a los jóvenes para que se detengan en una conducta equivocada. Eso no es manipulación sino educación.

02. Las autoridades tienen derecho a hacernos sentir miedo, vergüenza, coraje o tristeza, si es por nuestro bien.

03. ¿Cómo saber si una persona trata de manipularme o de educarme? Analizando: ¿Me envidia, me odia o me aprecia? ¿Si la obedezco, ella gana algo y yo salgo perjudicado? ¿Se preocupa por mi bienestar o sólo le interesa el suyo? ¿Me exige que guarde el secreto? ¿Se halla ofuscada en grado extremo o bajo el efecto del alcohol?

04. No siempre debemos obedecer a quien nos da una orden, todo depende de las respuestas anteriores.

05. Normalmente, los padres y maestros merecen nuestro respeto y obediencia, porque las emociones que nos infunden son para nuestro bien.

PREGUNTAS PARA REFLEXIONAR

01. Ser desobediente es bueno en unos casos y malo en otros. Explica en cuáles.

02. ¿Por qué crees que muchos jóvenes no obedecen a las autoridades buenas, pero sí a los compañeros manipuladores?

03. Haz una lista de las autoridades buenas a quienes deberías obedecer.

04. Haz una lista de las personas que te han tratado de manipular para su conveniencia y a quienes no deberías obedecer.

05. ¿Crees que alguna de las personas que anotaste pueda pasar en el futuro de una lista a otra? ¿En qué casos?

8 HABLA COMO TE GUSTARIA OÍR

Owin y Beky bajaron a la banqueta y echaron a correr. En pocos minutos habían abandonado el mercado y seguían atravesando calles sin rumbo fijo. El cansancio los hizo disminuir la velocidad. Nadie los seguía ya. Exhaustos, se detuvieron para preguntar cómo podían llegar a la plaza central. Estaban cerca. Tenían que avanzar unas cuadras más. Siguieron las indicaciones y, después de veinte minutos, llegaron al sitio convenido con su padre.

La plaza estaba empapada por la lluvia discontinua del ciclón que parecía retirarse poco a poco de la ciudad. Se sentaron en una banca frente a la catedral y esperaron.

—¿Tú crees que venga papá? —preguntó Beky.

—No... no lo sé —dijo Owin mirando un punto fijo con los ojos cristalizados.

Cerca de las cinco de la tarde sintieron hambre.

—En aquel carrito venden hamburguesas —comentó Beky—, ¿compramos una?

—S... sí. Va...vamos.

Atravesaron el parque, y pocos minutos después regresaron a su banca con los alimentos. Estaban comiendo cuando se acercó a ellos un joven vagabundo más o menos de su misma edad.

—¿Me compran un billete de lotería? —preguntó con voz entrecortada y torpe.

—No tenemos dinero —mintió Beky.

—¡Por favor... hagan una obra de caridad!

El muchacho andrajoso parecía mareado. Cabeceó y estuvo a punto de caer encima de ellos.

—¡De... déjanos en paz! —espetó Owin apartándolo.

El chico los miró confundido, y haciendo un esfuerzo caminó hacia la banca contigua, tambaleándose.

Owin sostenía su hamburguesa a medio comer.

—Ya... ya no tengo hambre... —dijo.

—Yo tampoco —contestó Beky.

Se quedaron mirando al vagabundo que se había dejado caer sobre el cemento mojado con los ojos abiertos. Aunque ya no llovía, el cuadro invernal era húmedo y frío.

—¿Lo ayudamos?

—¿Co... cómo?

—Podemos darle esta comida.

—No... no creo que... que la quiera. Pa... parece drogado.

—Intentémoslo.

Owin se levantó y le llevó los bocadillos. El vagabundo daba la apariencia de estar dormido. Owin lo movió.

—¿Qué pasa? —preguntó abriendo los ojos.

—To... toma.

Sin dar las gracias ni voltear hacia arriba, se sentó y comió despacio. Luego volvió a recostarse sobre el cemento encharcado.

Owin regresó a la banca con su hermana. Sentía como si una espina se le hubiese insertado en el corazón. Él, que siempre se había considerado un chico infeliz, se hallaba, de pronto, frente a otro joven cuyo sufrimiento era mucho mayor.

Se concentró en el entorno de la catedral tratando de identificar a su padre, pero fue inútil. Un vigilante del parque se acercó a ellos y pasó de largo hasta llegar al joven mendigo.

—¡Pordioseros, drogadictos! —murmuró—. ¡Son una peste! ¿Cuándo entenderán que deben mantenerse alejados de esta plaza?

Tomó al chico por los brazos y lo arrastró hasta una esquina, cerca del arrollo vehicular, para que no estorbara.

—¡Basura humana! —comentó.

Owin no pudo contenerse, y movido por la ira repentina protestó:

—E... ese joven no es basura. Tie... tiene problemas y necesita ayuda. Usted de... debería llevarlo con un médico.

El cuidador volteó asombrado por el reclamo.

—No es mi obligación levantar menesterosos —murmuró—. La plaza central es para turistas, así que ustedes dos también deben irse de aquí.

Ante la prepotencia del gendarme, estuvieron a punto de retirarse, pero recordaron lo que habían aprendido y no se movieron; miraron al vigilante con actitud retadora.

—No nos moveremos —murmuró Beky—, y si nos molesta nos quejaremos con sus superiores y tendrá serios problemas.

El cuidador del parque se asombró.

—¡Váyanse al diablo! —dijo antes de alejarse.

Empezaba a oscurecer.

—¿Crees que hayan capturado a papá? —preguntó Beky.

Owin no quiso contestar. La duda de cuánto podía ocurrir era un tormento mayor que la misma certeza del infortunio.

Frente a ellos había un poste de luz forrado con publicidad: Invitaciones a conciertos populares, anuncios de negocios e incluso avisos sobre mascotas perdidas. Beky se puso de pie y echó un vistazo. La información sobre el "curso de comunicación eficaz" había sido cubierta parcialmente por un papel que mencionaba la venta de una mecedora. Beky desprendió el escrito sobrepuesto y leyó. El diseño del cartel era más amplio y distinto al que vio con su hermano en la estación de autobuses:

Piensa antes de hablar, ¿a ti cómo te gusta que te hablen?

¿Odias que te pidan las cosas con voz de mando y prepotencia? ¡Entonces sé cortés y usa buen tono cuando solicites algo!

¿Detestas que te humillen o te hablen con sarcasmo? ¡Entonces cuida que tus comentarios sean respetuosos!

¿Te incomoda que sólo te digan tus errores? ¡Entonces di a los demás sus aciertos y acostúmbrate a ser un "elogiador"!

¿Te enfada que te culpen de todo? ¡Entonces no culpes a otros de manera liviana!

¿Te molesta cuando alguien se niega a oír tus puntos de vista? ¡Entonces sé paciente, escucha con atención y trata de comprender a los demás!

Carlos Cuauhtémoc Sánchez

Si tienes problemas con la gente es, casi siempre, porque no sabes comunicarte.

Asiste a nuestro curso que se llevará a cabo...

Beky leyó la fecha. Se estaba realizando ese mismo día.

El muchacho se acercó al poste. Leyó el afiche, y esta vez fue él quien quiso despegarlo. No tuvo éxito.

—Llévatelo en la mente —sugirió Beky.

Owin asintió.

—Me... me gusta pensar que e.. el mundo es bueno y... y debemos lu... luchar por mejorarlo... e... en vez de creer que to... todos nos quieren hacer daño...

—Es cierto. A propósito, mamá hizo muchas amigas en los cursos que tomó. Ellas podrían ayudarnos ¡Si papá no aparece, volvamos a la capital!

—¿Y có... cómo regresaremos?

—Comprando otro boleto de autobús. ¡Tenemos mucho dinero en los zapatos!

—No... no creo que sea buena i.. idea.

Pero su discusión se quedó a medias porque vieron al muchacho vagabundo reincorporarse. Ya no se tambaleaba como antes. Con la siesta y la comida había recobrado fuerzas. Tenía los ojos irritados. Parecía haber escuchado parte de la platica entre Owin y Beky. Sobre todo la afirmación en voz alta de "tenemos mucho dinero en los zapatos". El menesteroso caminó hacia los hermanos con gesto agresivo. Llevaba un cuchillo en la mano derecha.

REPASO DE CONCEPTOS

01. Los conflictos entre las personas son debido, casi siempre, a la mala comunicación. Si alguien te habla mal, te sientes molesto; si le hablas mal a alguien, haces que se moleste.

02. Ten cuidado: No pidas las cosas con voz de mando, no hables con sarcasmo ni en tono de burla, no trates de mostrar superioridad, no digas a los demás sólo sus errores, no hagas comentarios de alguien a sus espaldas, no platiques con jactancia o presunción y, sobre todo, no hables demasiado.

03. La mayoría de las personas son buenas; cuida de ser respetuoso en tus comentarios, sé paciente, escúchalas con atención y trata de comprenderlas.

04. Si tienes problemas con el mundo es, quizá, porque no sabes comunicarte.

PREGUNTAS PARA REFLEXIONAR

01. ¿Alguna vez dijiste algo que fue malinterpretado y otra persona se molestó contigo? Relata la anécdota.

02. ¿Te has dado cuenta de cómo las cosas que dices pasan primero por tu mente y que tienes unos segundos antes de decidir abrir la boca o no? ¿Cómo eres para hablar?, ¿impulsivo o prudente?

03. ¿Qué puedes hacer para mejorar tu comunicación con los demás?

NO PIERDAS EL GOZO DE LA VIDA

El chico vagabundo trastabilló y no se mostró muy decidido.

—Necesito dinero —dijo mostrando su navaja oxidada—. Ustedes tienen...

Hubo un instante de inmovilidad.

—¡Denme dinero! No quiero dañarlos...

Owin, aunque aterrado, cuestionó:

—¿Po.. por qué ha.. haces esto? Nosotros te dimos de.. de comer y te defendimos del velador... Somos tus amigos. Ta... también tenemos problemas.

El chico de la calle bajó un poco la guardia entre sorprendido y vacilante. Preguntó:

—¿Tú fuiste el que me llevó la comida?

—S... sí.

Beky tuvo una idea y entrecerró los ojos para hablar:

—Aunque existe gente mala, la mayoría de las personas en el mundo son buenas. Si tienes problemas con los demás es, casi siempre, porque no sabes comunicarte. Crees que todos te juzgan y por eso haces lo mismo. Como te acaba de decir mi hermano, nosotros no somos tus enemigos.

El vagabundo los miró unos instantes. Apretó los dientes con evidente pesar y tomó asiento en la banca poniendo su cuchillo a un lado.

—Me duele mucho la cabeza —reconoció—. No sé lo que pasó hace rato.

Beky lo observó. Quizá seguía bajo los efectos de alguna droga, pero la comida y el descanso le habían devuelto parcialmente la lucidez.

Owin se atrevió a inquirirle:

—¿To... tomaste alcohol?

—Sí —el chico parecía consternado y sincero—. Hay un depósito de basura —sonrió con tristeza—. ¡Es increíble lo que se puede hallar ahí! Aparatos y ropa. Hoy encontré un paquete de cervezas... bebí seis latas completas. Me hicieron daño. Hace rato estuve vomitando... —se frotó las mejillas—, pero ya me siento mejor.

Tomó su cuchillo y comenzó a afilarlo contra la superficie de cemento.

—Me llamo Andrés. Cuando llego a la casa sin plata, la Tía se enfurece y me castiga.

—¿La... la Tía?

—Así le decimos. En realidad es la que nos mantiene y da de comer. Administra el negocio...

—¿Cuál negocio?

—El de sus "sobrinos". Unos vendemos billetes de lotería, otros limpian parabrisas, otros piden limosna, otros hacen malabarismos en los semáforos. A la Tía no le importa cómo obtengamos el dinero siempre que le llevemos la cuota diaria.

—¿Y por qué regresan con ella?

Andrés dejó de afilar su cuchillo e inspiró hondo.

—Entiendo —supuso Beky—. No tienes a dónde ir. Si durmieras en este parque, el vigilante te molestaría; además, últimamente ha llovido mucho y hace frío...

Andrés movió la cabeza y sonrió. En realidad las razones por las que siempre volvía con la Tía eran distintas, pero no quiso decirlas.

—Mejor, ustedes cuéntenme. Parecen educados y usan ropa limpia. ¿Dónde está su familia?

Los hermanos desviaron la mirada y permanecieron callados. Andrés se dio cuenta de que ellos tampoco deseaban hablar de sus problemas; entonces se puso de pie.

—Necesito conseguir dinero, pero no los molestaré a ustedes... Buscaré a alguien más...

—E... espera.

Owin se quitó el zapato en el que escondía los billetes y le alargó al vagabundo unos cuantos. Beky no se opuso.

—¿Por qué? ¿Primero me dan comida y ahora esto?

—Que... queremos ayudarte.

Y a ustedes, ¿quién los ayudará?

—Estamos esperando a alguien —dijo Beky—, no nos podemos mover.

Andrés habló como pensando en voz alta:

—Yo nunca he tenido un hogar. Siempre he estado solo, pero ustedes... ¡debe ser terrible haber probado la felicidad y después perderla!

Owin, consternado, se animó a decir:

—Lo... lo que más me... me duele es que cuando mi mamá vivía... —se detuvo unos segundos preso de la repentina tribulación—, yo la hacía rabiar todos los días. Sie... siempre creí que nuestra familia sería la... la misma. No... pensé que el tiempo haría cambiar todas las cosas... Si pu... pudiera regresarlo... —volvió a hacer una pausa; su hermana lo veía con ternura y dolor—, me preocuparía po... por ser un mejor hijo; no me acostumbraría a lo bueno como si lo mereciera y sería me... menos indiferente hacia tantas cosas bellas que... que pueden perderse en cualquier momento... Creo que el control de las e... cmociones no consiste sólo en frenar o... o acelerar, sino en mantener e... el gozo de la vida...

Beky bajó la vista y luego abrió los brazos para cobijar a su hermano. Owin giró de inmediato y la abrazó también. Estuvieron un largo rato así.

Las luces de la plaza se encendieron. De pronto, una mano de hierro se posó sobre el hombro de Owin y otra más apresó a Beky. Ambos habían experimentado esa misma sensación de pasmo al ser atrapados en la estación de autobuses. Sus corazones dieron un vuelco. Hermenegildo López los tenía agarrados con todas sus fuerzas. Trataron de sacudirsc, pero no lo lograron.

—¿Qué le dije, comandante? —se escuchó la voz timorata del cuidador—. Usted no me quería creer. Le comenté que dos muchachos, habían pasado toda la tarde sentados en una banca de mi parque. Son ellos ¿verdad?

Andrés reaccionó de inmediato para defender a sus nuevos amigos. Levantó el cuchillo oxidado y, con rapidez felina se lo hundió al comandante en una nalga. Hermenegildo lanzó un grito de dolor, soltó a Owin y trató de pescar a Andrés, pero éste brincó para ponerse a salvo. Owin aprovechó el momento y se apartó. Beky quiso hacer lo mismo; el comandante López la sujetó con más dureza. En el forcejeo, cl cuaderno de su madre cayó al suelo.

Owin se sintió indeciso de correr o regresar. Andrés lo agarró de la camisa.

—¡Vámonos!

Owin obedeció. Antes de dar la vuelta en la esquina, voltearon a ver a los policías.

Hermenegildo se sobaba el trasero con la mano izquierda y conducía a Beky con la derecha hacia una patrulla que se había detenido en la calle frente a ellos.

—¿Qué... qué hacemos...?

Owin dio unos pasos de vuelta.

—¿A dónde vas? —preguntó Andrés—, piensa primero: los que están libres pueden ayudar mejor a los detenidos.

La premisa de su amigo funcionaba, siempre que los libres no estuvieran huyendo. Él y su hermana eran inocentes y nadie podría castigarlos por las culpas de su padre, ¡debían permanecer juntos!

—Vo... voy a regresar.

Echó a correr, pero era demasiado tarde. La patrulla de policía se alejaba en sentido opuesto llevándose a Beky.

Owin sintió que su alma reventaba. Lágrimas de temor y coraje se agolparon en sus párpados. Había soportado con mucho dolor la muerte de su madre, e incluso sobrevivió, sin perder la cordura, el alejamiento repentino de su padre, pero ¿separarse de Beky? ¡Eso era impensable! Su hermana formaba parte de él, como el corazón que bombeaba sangre a cada rincón de su cuerpo. Desde que tenía uso de memoria, había jugado con ella, peleado con ella y aprendido con ella... Siempre asistieron al mismo salón de clases y estudiaron juntos por las tardes... No podía dejarla. Sabía que la amaba, pero hasta entonces percibió de qué forma. Le resultaba inconcebible vivir lejos de su única compañera y amiga real. Pensó que si en el futuro llegaba a tener hijos, les enseñaría a quererse, valorarse y defenderse mutuamente como hermanos.

—Sígueme —dijo Andrés—, te llevaré a un lugar seguro dónde pasar la noche. Mañana buscarás a Beky.

Caminó con él, pero una idea repentina lo hizo detenerse.

—¡La... la libreta de mamá! Se... se quedó ti... tirada en donde estábamos.

Owin regresó corriendo a la banca. No había nada.

—¡Mira! —le dijo Andrés—. ¡Alguien tiene lo que buscas!

El vigilante del parque caminaba hacia los jardines hojeando el material de su madre.

CONTROL EMOCIONAL: AFIANZA EL GOZO DE TU VIDA

REPASO DE CONCEPTOS

01. Existe una emoción especial que nos lleva, no a frenar o a acelerar, sino a mantener el ritmo disfrutando intensamente la vida. Se llama "gozo".
02. El gozo se produce cuando reflexionamos en las enormes bellezas que nos rodean y las grandes ventajas de nuestra vida.
03. Con frecuencia perdemos el gozo porque nos acostumbramos a lo bueno como si lo meceriéramos y nos volvemos indiferentes hacia las cosas extraordinarias que tenemos.
04. El control emocional no sólo consiste en frenar o acelerar de vez en cuando, sino en esforzarse a diario por mantener el gozo de la vida.

PREGUNTAS PARA REFLEXIONAR

01. Haz una lista de las cosas bellas que te rodean.
02. Menciona todas las ventajas que tiene tu vida.
03. ¿Es posible que pierdas lo que mencionaste en los puntos anteriores? ¿De qué forma? ¿Cómo te sentirías? ¿Entonces por qué no valoras lo que tienes?
04. ¿Qué puedes hacer, en concreto, para mantener el gozo de la vida diariamente?

Carlos Cuauhtémoc Sánchez

EL VALOR
DE LAS CAÍDAS

*A*ndrés volvió a empuñar su cuchillo oxidado y fue sigilosamente tras el cuidador del parque. Owin no se movió de su sitio. Detestaba la idea de verse involucrado en delitos callejeros. Echó un último vistazo a la catedral con la esperanza de ver a su padre aparecer. Fue inútil.

A los pocos minutos, su nuevo y extraño amigo regresó corriendo a toda velocidad con el cuaderno en su poder.

—¡Vámonos! —le ordenó—, ¡pronto!

Owin no preguntó si había usado con el vigilante la misma técnica de "hendirle la nalga". Tampoco quiso saber si su atracado estaba en condiciones de perseguirlos, se limitó a correr con Andrés. Atravesaron avenidas y terrenos. En poco tiempo llegaron a los suburbios. Las calles dejaron de ser pavimentadas para convertirse en caminos de tierra. Conforme avanzaban, las construcciones se veían más sucias y precarias, los muros de ladrillo se borraban del panorama y aparecían frágiles paredes de barro y lámina.

Andrés era todo un experto en callejones y recovecos. Condujo a Owin por atajos increíbles hasta las afueras de la ciudad. El paisaje paupérrimo de las barriadas también se fue modificando. Las vías lodosas, trazadas por el municipio de forma rectilínea, se extinguieron en los límites de un barranco. Cuesta abajo, donde era imposible el acceso a ningún vehículo motorizado, continuaba un sendero que producía vértigo. Owin se detuvo.

—¿A.. a dónde vamos? —preguntó.

—A casa de la Tía.

—Pe... pero está mu... muy oscuro allá abajo.

—No tengas miedo. Tus ojos se acostumbrarán. Sígueme.

Andrés prosiguió su camino. Owin dudó y miró hacia atrás. Estaba completamente perdido. No podría regresar por su propio pie; además, ¿regresar adónde?

—¡E... espérame! —le gritó a su guía yendo tras él.

El tortuoso camino descendía por una cañada sobre tierras federales invadidas. Las chozas en esa zona eran todas de cartón y paja. No había alumbrado público ni agua potable, sin embargo, conforme se acercaban al fondo de la cañada se percibía cada vez con mayor intensidad un extraño zumbido.

—¿Qué... qué es eso?

—Ah, nada importante. Estamos justo debajo de torres eléctricas con cables de alta tensión.

Llegaron a una enorme casona cuyas dimensiones y solidez

desentonaban con el entorno. Aunque no era limpia ni bella, estaba hecha de tabiques, losa de concreto y pintada con esmalte. Andrés abrió la puerta.

—Entra.

Owin avanzó despacio. Le sorprendió ver que dentro del recinto había una enorme televisión a color y focos incandescentes. De alguna forma se robaban la energía eléctrica. Alrededor de una gran mesa en medio de la estancia, diez o doce muchachos y una señora obesa se disponían a comer. La mujer se dio la vuelta y recibió a Andrés con una mirada encrespada.

—¿Traes la cuota? —preguntó.

Andrés le entregó los billetes de lotería y el dinero que le había dado Owin. La matrona recogió el paquete y cotejó con una lista.

—Bien... —su gesto se hizo amable—, ¡todos los boletos que te di en la mañana y además dinero! —no preguntó de dónde provenía y felicitó a su "sobrino"—. Así me gusta. Hiciste lo que debías. ¿Y se puede saber quién es tu invitado?

—Un amigo. No tiene a dónde ir. De hecho, él me ayudó a conseguir este dinero.

—¿Te ayudó? ¡Genial! ¡Siempre digo que es bueno trabajar en equipo! Sí *iñor*. Las pirámides de Egipto se hicieron en equipo, también los jardines colgantes de Galilea —dudó de su referencia—, ¡o de donde sean! ¡A quién le importa! Pero, pasen, pasen. ¡Miren la coincidencia! Hoy llegó también otra compañerita nueva. Lorena te llamas, ¿*verda mija*?

Una joven de trece o catorce años asintió del otro lado de la mesa. Parecía asustada y desavenida.

—Los papás de Lorena son ricachones tontos; se divorciaron y ninguno quiso quedarse con ella. La encontré sentadita en la banqueta, llorando. Aquí somos pobres pero trabajamos en equipo y nunca faltan los frijolitos y las tortillitas. *Ánden-les*, coman. Voy a servirles a todos. Les preparé un riquísimo molito de olla.

En realidad, se trataba de un insípido caldo rojo, sin vegetales ni carne, saturado de picante y adornado con un áspero hueso de retazo. Aunque el guiso era bastante desabrido, todos los jóvenes se lo comieron sin protestar. Incluso Andrés pidió una segunda ración que le fue servida de inmediato. Sólo la chica recién llegada se abstuvo de comer.

—Chamaca tonta —murmuró la Tía, controlándose para no parecer demasiado agresiva el primer día—, ¿No tienes hambre?, ya tendrás... pero te advierto una cosa: conmigo no se juega —le acarició la cabeza sin poder evitar una mueca perversa—, aunque soy muy buena con todos, odio los caprichitos. Óiganme bien los dos nuevos. Aquí nadie se anda con tonteras. Yo *de veritas*, ayudo a los desamparados, no como en otros lados que son puros trámites y palabrerías. Dejo entrar a los pobres, les doy trabajo, comida y techo, pero con algunas condiciones: Diario tienen que llegar aquí antes de las diez y traer su cuota. Todos duermen separados. Está prohibido hacer parejitas, y drogarse... Si alguno no regresa a la casa o trata de escaparse, los demás lo encuentran, me lo traen y le doy un castigo que nunca se le olvida. ¿Está claro?

Ninguno de los recién llegados preguntó en qué consistía el castigo. Miraban a la Tía y luego se miraban entre ellos. ¿Qué lugar era ese? ¿Dónde habían caído? ¿Por qué no había ningún joven mayor? Todos los recluídos parecían tener entre ocho y dieciséis años. ¿Qué les ocurría a quienes crecían?

La bruja hizo una señal y todos los chicos se pusieron de pie formando una fila para lavar sus platos. Después caminaron por el largo pasillo. Al fondo había un baño común y a los lados cuatro habitaciones en las que se apretujaban varios catres. Los niños dormían separados de las niñas.

Andrés le consiguió a Owin un viejo camastro con resortes desiguales y se lo ofreció orgulloso.

—Aquí descansarás muy bien.

Owin asintió sin poder evitar que las lágrimas le circundaran los párpados.

Todos los muchachos se durmieron. Él no pudo conciliar el sueño. Estuvo llorando por largas horas.

A la mañana siguiente, se levantó temprano. Tomó el cuaderno de su madre y leyó:

EL VALOR DE LAS CAÍDAS

Reflexiones sobre el fracaso: Todos fracasamos de vez en cuando. Las derrotas y los logros se presentan en ciclos. No existe nadie que gane o pierda siempre. Las caídas eventuales están en la misma rueda de la vida, y fracasar no es señal de debilidad, sino de que la rueda gira hacia delante. El mal nunca es definitivo.

Los perdedores son quienes se abaten con un fracaso y no pueden reponerse. Los triunfadores son quienes, después de cada derrota, se levantan con más deseos de luchar, asimilando la lección, convencidos de que nada ni nadie podrá detenerlos.

Reflexiones sobre el ÉXITO: No depende del dinero, del apoyo social, de la suerte o de la ética. El éxito depende de una adecuada forma de interpretar los fracasos.[1]

Si tengo problemas, no bajaré la guardia ni me daré por vencida.

---

[1] John C. Maxwell. *El lado positivo del fracaso,* Editorial Caribe. Miami, Florida, 2000.

Los pensamientos más perjudiciales son: creer que siempre me irá mal o que siempre me irá bien.

Todo cambia. Los tropezones en la vida son inevitables, pero me alegraré de ello; al caer se fortalecen mis músculos para extenderse después.

Pensaré lo correcto: Aunque me haya ido mal, valgo mucho y mi vida tiene sentido.

No existe condición externa que me convierta en perdedor o ganador. El éxito proviene de mi interior, depende de la forma en que interprete las caídas y me reponga de ellas.

El sol ya había salido. Escuchó los gritos de la mujer quien estaba yendo de cuarto en cuarto repartiendo encomiendas para el día que comenzaba. Le dio a Owin una orden:

—Tú limpiarás parabrisas. Ponte esta venda y usa la muleta. A la gente le conmueve ver *chavos* heridos trabajando. Si lo haces bien, en poco tiempo te dejaré vender billetes de lotería. Mientras tanto, ¡*échale ganitas*! —sonrió—, cuando pides caridad haces algo bueno porque dar es mejor que recibir, y tú ayudas a otros a que den...

Owin tomó muleta y venda.

La Tía se giró para darle instrucciones a Lorena.

—Tú te quedarás conmigo *mija*. Te enseñaré el *quihacer* de la casa y también cocinarás, a ver si así te da hambre.

Owin arrojó sus herramientas. Se puso de pie y dijo:

—Yo... yo no soy... li... limosnero.

La Tía giró con lentitud. En su gesto se adivinaba una furia contenida, levantó la muleta de madera y se acercó a Owin dispuesta a golpearlo en la cabeza.

REPASO Y REFLEXIONES

01. Todos queremos ser exitosos, pero ¿qué es tener éxito? **Defínelo**. Ahora prueba esta definición: "Éxito es alcanzar nuestras metas, sabernos realizados, sentirnos satisfechos con nuestra vida y disfrutar con toda intensidad cada día".

02. **Contesta:** ¿Cuál de las siguientes cinco plataformas crees que pueda impulsarte más hacia el éxito?

· **Dinero**: Poder para comprar siempre los mejores productos y pagar los mejores servicios.

· **Familia**: Apoyo de padres y hermanos; vivir en un hogar estable.

· **Pocos problemas**: No sufrir tragedias, fracturas o cambios de planes drásticos; tener, en general, buena suerte.

· **Ayuda de otras personas exitosas**: Apadrinamiento de un triunfador que te enseñe sus secretos y te brinde oportunidades.

· **Alta moral**: Ser siempre honesto, sincero, íntegro.

03. **Piensa**. Cualquiera de los cinco puntos antes descritos te ayudarían a triunfar, pero ¿son una garantía? Según John C. Maxwell hay personas con mucho dinero, familias buenas, o con alta moral que han fracasado rotundamente; por otro lado también hay triunfadores provenientes de familias desintegradas, pobreza, tragedias e incluso baja moral. Entonces, ¿de qué depende el éxito?

04. **Memoriza**: El éxito depende de una adecuada forma de interpretar los fracasos.

05. No existe condición externa que te convierta en perdedor o ganador. Sólo pierde quien se abate con un fracaso y no puede reponerse. Triunfa, en cambio, quien después de cada derrota se levanta con más deseos de luchar, asimilando la lección, convencido de que nada ni nadie podrá detenerlo. El éxito proviene de tu interior, depende de la forma en que asimiles las caídas y te repongas de ellas.

11
PIENSA LO CORRECTO Y LIBÉRATE DE TUS CADENAS

*B*eky miró por la ventana de la patrulla sin poder evitar que su angustia se manifestara en lágrimas. En realidad no tenía miedo a los policías; su única falta había sido huir ¿qué podían hacerle por eso? ¡Owin era el motivo verdadero de su creciente mortificación! ¿Dónde habría ido? ¿Qué tan seguro podría estar en compañía de aquel chico vagabundo? No concebía la vida sin su hermano, y nada la afectaba más que alejarse de él.

Llegaron a la estación de policía. Hermenegildo López la hizo bajar de la patrulla con amabilidad.

—Pasa, por favor, jovencita, al fondo del corredor.

Beky llegó hasta una oficina austera que servía como pasa-
dizo hacia las celdas para detenidos. Vio al policía que sentado
frente a una mesa fungía como cuidador de las primeras rejas.

—¡Esto es una cárcel! No puedo estar aquí. Soy menor de
edad.

—Toma asiento, por favor.

Hermenegildo le señaló una silla mugrosa frente a la mesa
del custodio. Beky obedeció inmediatamente. Con la espalda
encorvada y las manos sobre las rodillas parecía más pequeña de lo que era. El comandante se fue, y ella estuvo senta-
da en ese sitio por casi una hora. Después apareció para informarle:

—El agente del Ministerio Público viene hasta mañana. Él
determinará tu situación legal. Mientras tanto, no puedo dejarte ir. Deberás pasar aquí la noche. Atrás de ti hay un
privadito. Tiene baño y cobijas.

Beky sintió como si un fantasma estuviese apretándole el
cuello. Hermenegildo se fue y la dejó acompañada del policía
custodio. Después de un rato se puso de pie y entró al privado. Era pequeño, estaba sucio y olía a humedad; por fortuna
contaba con un pasador interior para asegurar la puerta.

Pasó una malísima noche. Tuvo insomnio y durmió a ratos
entrecortados.

Al día siguiente, la despertaron gritos y pataletas de rufianes
recién aprehendidos que se resistían al encierro. Salió del
privado y echó un vistazo. El custodio había sido cambiado.

—Buenos días...—lo saludó y se sentó en la silla mugrienta.

A medio día llegó Hermenegildo López. Traía una bolsa de
papel con comida rápida. Se la dio.

—Todo está listo —le dijo—, para atender tu caso.

Entró a las celdas sin aclarar más.

Beky aprovechó para comer el contenido del paquete casi

con voracidad. Después se escucharon pisadas y golpes metálicos de rejas que se abrían. Levantó la vista sintiendo una combinación de temor y esperanza.

Su padre apareció frente a ella.

Paralizada por la impresión, tardó varios segundos antes de saltar y correr a abrazarlo.

—¡Hija linda!

—¡Papá!

Durante un tiempo estuvieron callados, aquilatando la gracia de estar juntos otra vez; después, el señor Meneses se separó para preguntar:

—¿Dónde está tu hermano?

—No lo sé...

—¿Cómo que no lo sabes? ¿Se perdió?

—Estábamos esperándote... donde nos dijiste... A mí me agarraron y Owin huyó...

—¡No puede ser! —Waldo Meneses movió la cabeza negativamente. Después dilucidó—: ¡hasta dónde los he traído! Ustedes no se merecen esto... ¡Soy un mal padre! Un miserable. Dios jamás me perdonará.

—Papá... no digas eso. Es mentira. Te queremos mucho y te necesitamos...

Hermenegildo López los interrumpió.

—Hagan favor de seguirme.

Padre e hija fueron conducidos hasta una sala en la que había varios secretarios en sus escritorios levantando declaraciones y actas. Un hombre de anteojos, que se identificó como agente del Ministerio Público, les explicó su situación:

—Señor Waldo Meneses —dijo muy despacio—, la compañía para la que trabajaba ha levantado cargos contra usted y ha sido señalado como presunto responsable de varios delitos. Quedará detenido mientras se lleva a cabo el juicio en cuestión. De ser hallado culpable, pasará algunos años en la cárcel.

—¿Cuántos?

—Lo ignoro. Nos han informado que sus hijos no tienen quien cuide de ellos, por lo tanto, quedarán bajo la custodia del Estado, a menos que en las próximas horas, alguna persona adulta, de su plena confianza, acepte hacerse cargo de ellos y firme todos los acuerdos inherentes a la responsabilidad jurídica de la tutoría temporal.

El acusado respiró hondo, tratando de recordar. Tenía un hermano alcohólico y una tía política solterona, pero ambos vivían lejos y ninguno aceptaría con agrado... Por otra parte, no conocía a nadie en esa ciudad, ¿cómo lograría que un adulto de confianza llegara en las próximas horas dispuesto a quedarse con sus hijos?

—Papá, ¿te sientes bien?

Waldo Meneses no respondió. Había comenzado a jadear y a sudar. Una nueva crisis nerviosa amenazaba con atacarlo. De pronto, tomó a su hija del brazo y empujó el escritorio con violencia. La computadora y los papeles que estaban sobre él cayeron al suelo haciendo un ruido caótico. Dos policías trataron de amagarlo mientras él daba vueltas arrastrando a Beky, dando puñetazos y empujones a todo el que se acercaba. Sus movimientos se hicieron cada vez más violentos e hizo destrozos en otro escritorio. Varios policías se aproximaron para calmarlo. Al fin uno de ellos lo atrapó por la espalda y lo aprehendió contra el suelo poniéndole las esposas.

Beky, aterrada, se libró de la lucha caminando hacia atrás. Se llevaron nuevamente a su padre.

Uno de los oficiales sugirió tomar fotografías de los recientes estragos para agregarlos al expediente del señor Meneses, pero el magistrado negó con la cabeza.

—Este pobre hombre y sus hijos tienen demasiados problemas ya —comentó—. Aquí no pasó nada —y comenzó a levantar las cosas.

Varios empleados ayudaron. Beky se comidió también a arreglar los escritorios. Por fortuna, las computadoras volvieron a encender.

Después de un rato todo regresó a su sitio.

—¿Qué hacemos? —le preguntó el juez a la joven.

Ella se encogió de hombros. La maestra suplente se había quedado corta en sus predicciones.

Muy pronto tendré que irme. Aquí tienen el número de mi teléfono portátil. Si la tormenta se vuelve insoportable, no duden en hablarme.

Un pensamiento de esperanza la hizo reaccionar. ¡Ella había guardado la tarjeta de su profesora cn la bolsa del pantalón!

—¡Mi hermano y yo tenemos una amiga —dijo al fin—, que tal vez pueda ayudarnos!

El agente abrió sus palmas y respondió:

—Ahí tiene un teléfono, señorita. Úselo si quiere.

Beky actuó de inmediato. Marcó los números con creciente temor. Casi de inmediato una voz femenina respondió del otro lado de la línea.

—¿Bueno?

—¿Maestra? ¡Habla Beky! La hermana de Owin. No sé si me recuerda.

—Claro, ¿cómo están? He pensado mucho en ustedes últimamente.

—Pues estamos muy mal... Lo que nos dijo respecto a la tormenta era cierto... Vinimos a la frontera. Mi padre fue arrestado y Owin se perdió... Necesitamos ayuda...

Hubo un corto silencio. La profesora adivinó el problema con asombrosa exactitud:

—Y alguien debe firmar la custodia temporal de ustedes dos mientras tu padre esté detenido, ¿no es así?

—¿Cómo lo sabe? ¿También lo soñó?

—Eso no importa...

—¿Y puede ayudarnos?

—A ver. Dame los datos exactos del lugar en que se encuentran.

Beky se los proporcionó y, al hacerlo, sintió la nostalgia de quien necesita desesperadamente ponerse bajo la protección de alguien confiable.

—¿Por qué está pasando todo esto, maestra? ¡Estoy preocupadísima! Tengo mucho miedo. ¡Necesito encontrar a mi hermano y recuperar a mi papá! Esto parece una pesadilla.

La profesora respondió con una voz dulce y tranquila:

—A veces ocurren cosas difíciles de entender. Pero todo tiene un propósito.

—¿Un propósito? ¿Cuál? ¡Dios mío, siento que me muero!

—No te hagas tantas preguntas de momento, Beky. Lo sabrás todo con el tiempo. La preocupación es un sentimiento paralizante e inútil. Ante una crisis debemos actuar rápido, llamar por teléfono, pedir ayuda, concentrarnos para que cada uno de nuestros movimientos sea preciso, y enfrentar los problemas con honestidad. ¡Tú estás haciendo todo eso! Ahora sólo te resta esperar y controlar tus emociones.

—¡Eso es imposible! Las emociones son buenas. ¿Cómo voy a controlarlas?

—Son buenas cuando te ayudan a superarte pero malas cuando sc convierten en cadenas. Los psicólogos hacen "ejercicio de figuración" para ayudarnos a entender que los sentimientos no son más que pensamientos intensos salidos del cerebro y que, en gran medida, todos podemos controlar lo que pensamos. Piensa que hay una enorme tarántula trepando muy despacio por tu brazo, sientes repulsión ¿no es cierto? Ahora, congela la tarántula en tu mente y hazla crecer hasta que se vuelva un dulce osito de peluche. Como puedes ver, las emociones cambian conforme pensamos diferentes cosas. Beky, estás a salvo. No dejes que tu cerebro imagine cosas fatales o reviva escenas del pasado que te atormenten. Todo está en la cabeza. El cerebro controla los pensamientos y los pensamientos controlan las emociones.

—¡No!, ¡no!, ¡no! —gritó Beky—, ¡dicen que todo está en la mente, pero es *la realidad* lo que me hace infeliz, no la mente!

—A ver, tranquilízate. Trata de escucharme. La realidad es la realidad. No se puede cambiar, sólo podemos "pensar" diferentes cosas sobre ella. Por ejemplo: con base en tu realidad, *piensa* que todo cuanto está sucediendo te hace desdichada; repasa las traiciones de las que has sido víctima, las desgracias que has sufrido, las tragedias que has experimentado; revive tus peores momentos, recuerda tus dolores y fracasos; imagina todo lo malo que puede ocurrirte en el futuro a ti o a tus seres queridos y **serás infeliz**. Ahora, borra todo de tu mente y comienza de nuevo: Con base en la misma realidad, *piensa* que aunque haya injusticias nadie puede robarte la alegría; piensa que puedes respirar, ver, oír, reflexionar, sentir el latido de tu corazón; a pesar de los problemas, caminas hacia delante. Siente la satisfacción de concentrarte en el momento y hacer lo mejor que puedes para que la vida marche bien... **Ahora serás feliz**. Beky, *piensa* lo correcto: Las cosas no tienen que ser perfectas. Controla tus ideas y siéntete tranquila. Sé que es muy difícil entender esto, pero de todos modos es verdad: Tu padre, Owin y tú deberán adaptarse a cada circunstancia, avanzar con firmeza y elegir ser felices.

Beky agachó la cara; no tuvo fuerzas para refutar. Entrecortadamente preguntó:

—¿Qué... qué hago? ¿Espero aquí?

—Sí, por favor. Voy a llamar a una persona para que vaya por ti. Tendrás que confiar en ella. Sé que aceptará firmar los documentos legales y encargarse de ti y de tu hermano el tiempo necesario. Es la mejor opción. Debes creerme.

Beky asintió y colgó el teléfono. Aunque apenas conocía a esa profesora, sintió que era su amiga de toda la vida. Miró el reloj. Iban a dar las seis de la tarde. Se resignó a pasar otra vez la noche en ese sucio privado de la comisaría. Con toda seguridad, la maestra tardaría en localizar a su contacto y éste aparecería hasta el día siguiente. No importaba. Estaba viva, sana y salva; pronto recibiría ayuda y buscaría a Owin. Su mente comenzó a generar ideas constructivas y las emociones entraron en control.

A las ocho de la noche alguien preguntó por ella. Beky se puso de pie, alerta. Se asomó para ver al recién llegado, sintió un escalofrío y su sorpresa aumentó.

Ella ya conocía al sujeto que venía por ella.

REPASO DE CONCEPTOS

01. Las emociones no provienen del corazón, sino del cerebro. Son pensamientos intensos. En gran medida, podemos controlar nuestros pensamientos, por lo tanto, podemos controlar nuestras emociones.

02. Los pensamientos malos producen emociones paralizantes y estas emociones se convierten en cadenas de prisión.

03. Controla tus ideas y siéntete tranquilo. Las cosas no tienen que ser perfectas. Adáptate a cada circunstancia, avanza con firmeza y elige estar contento.

04. A veces, cuando vemos una película, detectamos injusticias graves y nos sentimos ofendidos, pero si el autor de la historia es inteligente -no todos lo son-, hará que los malvados terminen pagando sus errores y los bondadosos reciban justicia. Ahora, reflexiona en esto: Dios es inteligente y arma sus historias en términos de eternidad. A la larga, todo irá bien. Ten calma y no te agobies. Con toda confianza, a pesar de las situaciones adversas, puedes elegir ser feliz hoy.

PREGUNTAS PARA REFLEXIONAR

01. Narra un ejercicio de figuración más extenso que el de la tarántula.

02. Cuando te sientas encadenado por alguna emoción negativa, ¿qué debes hacer para liberarte?

03. La realidad es la realidad. No se puede cambiar, sólo podemos pensar diferentes cosas sobre ella. A continuación se anotan algunas situaciones. Describe cómo podemos pensar respecto a ellas para sentirnos mejor.
    — No fuiste seleccionado para el deporte que querías.
    — Perdiste el concurso para el que tanto te preparaste.
    — Te enteraste que alguien a quien aprecias habló mal de ti.
    — Perdiste tu casa en un incendio
    — Falleció uno de tus seres queridos
    — Otra situación que te haya ocurrido en la vida real.

87

*L*a Tía levantó la muleta como garrote y se detuvo antes de descargar el golpe.

—Esta casa no es hotel —anunció—. Cenaste y pasaste la noche aquí. Estás en deuda conmigo... Si no quieres limpiar parabrisas, ¿cómo me vas a pagar?

Owin pensó en sacar el resto del dinero que traía en el zapato para dárselo a la bruja y comprar su libertad, pero si lo hacía se quedaría en total penuria. Esos billetes podían servirle para buscar a su padre y a Beky.

—E... e... está bien... Me... me pondré la venda... pe... pediré limosna...

—¡Así se habla! Pareces un *chavo* listo. No eches a perder las cosas. ¡Muévete! Samperio irá contigo para enseñarte el oficio y vigilarte.

Owin miró a su nuevo supervisor. Era el muchacho más alto y fuerte de la camada.

—Yo... yo qui... quisiera i... ir con Andrés.

—Los privilegios se ganan. Irás con Samperio y dejarás de discutir.

Owin no protestó más. Dio la vuelta para dirigirse al único baño de la casa. Tres jóvenes delante de él esperaban su turno. Se formó en la fila. Después de un rato pudo entrar. Cerró el pasador, remangó su pantalón y comenzó a enrollar la venda en una pierna. Cuando terminó, se quedó estático. Eso no estaba bien. Había puesto la libreta debajo de su playera. La sacó y quiso encontrar alguna orientación. Esta vez el mensaje de su madre le pareció confuso. Lo leyó con rapidez porque otro chico afuera del baño golpeaba esporádicamente la puerta para obligarlo a darse prisa.

Aprendí una historia interesante: En la ciudad de Nueva York, hace algunos años, treinta y ocho personas pudieron evitar un crimen. Dos adolescentes se peleaban. Alrededor de ellos, la muchedumbre observaba sin hacer nada. Uno de los jóvenes comenzó a golpear al otro salvajemente hasta que terminó azotando su cabeza contra el pavimento. Este fenómeno se llama "dilución de responsabilidad": Mientras más personas presencien una urgencia, menor será la ayuda que recibirá la víctima.

Cuando una persona está sola, puede actuar con libertad, brindar ayuda y defender sus ideales. Rodeada de gente, en cambio, es muy probable que se deje llevar por lo que hace o no hace la masa.

En conciertos de rock, manifestaciones públicas, linchamientos, sectas, pandillas y grupos dominadores, la individualidad de las personas queda disminuida.

Me alejaré de las masas siempre que pueda; si alguna vez me hallo dentro de una, recordaré que la madurez se demuestra manteniendo mis principios rodeada por personas que difieren de ellos.

—¡Apúrate "nuevo"! ¡El baño no es tuyo!

Owin volvió a esconder la libreta debajo de su camisa y salió. Algunos chicos se rieron al verlo caminar con la venda recién puesta.

—Debes usar tu muleta —le advirtió la tía—, y fingir que cojeas. Si se te olvida, te lloverán insultos.

—E... está bien.

Samperio lo acompañó.

Con la luz del día, Owin pudo apreciar el panorama exterior: la casa estaba construida al fondo de la cañada, sobre el cauce de un río seco. Alrededor había basura, chiqueros, vegetación silvestre y varias chozas improvisadas. Era un lugar caótico. Existía peligro tanto en los cables de alta tensión, como en el río seco, si volvía a llenarse de agua.

Samperio y Owin caminaron por la vereda, pero se detuvieron al oír un ardiente griterío.

—¿Qué e.. e... es eso?

—¡Guau! —dijo Samperio—, hay "clavados" esta mañana.

—¿Cla... cla...?

Samperio echó a correr sin explicar más. Owin lo siguió. Cruzaron una delgada cortina de arbustos y llegaron al extenso paraje donde se llevaba a cabo el extraño ritual: Más de quince muchachos gritaban a coro alrededor de una de las enormes torres metálicas que sostenían los cables eléctricos.

91

Debajo de la torre se hallaba la cáscara de un camión viejo sin llantas ni motor, que en sus buenos tiempos debió transportar material para construcción.

—¡Sube! ¡Vamos! ¡Tú puedes! —gritaba la muchedumbre motivando a un joven que se había prendido de la torre a dos metros del suelo.

Owin no podía creerlo. ¿La pandilla pretendía que ese joven escalara, aproximándose a los cables de alta tensión? ¡Eso era imposible! ¡La torre tenía más de veinte metros de altura!

—¡Eres un gallina! —exclamaban—, ¡deja de abrazar el poste y sube!

El aludido no se movía de su sitio.

—¡Mono —gritó el que parecía ser jefe de la banda—, demuéstrele a ese marica cómo se hace!

Un joven pequeño pero ágil saltó al frente y ascendió con la destreza de un simio por los sostenes de la torre. Aunque sólo llegó poco más arriba de la mitad, a un peldaño pintado de amarillo, algunos cabellos se le levantaron atraídos por el fortísimo campo electromagnético. Owin supuso que la temeraria aventura acabaría ahí, pero no fue así. El joven miró hacia abajo, calculó, abrió mucho los ojos y, presionado por los gritos de la concurrencia, se arrojó al vacío.

Owin quedó petrificado. "¡Se va a matar!", pensó.

Por unos segundos todos los presentes guardaron silencio. El chico cayó, con la exactitud de un proyectil militar, en el centro de la caja del camión desvencijado. Una pequeña nube de polvo se levantó alrededor cuando el cuerpo se incrustó en lo que parecía ser una alberca de colchones, aserrín, papel y hule espuma.

La concurrencia estalló en aplausos.

Era fácil hacer deducciones: la pandilla había colocado el cascarón de ese vehículo junto a la torre y lo había llenado con todo tipo de materiales suaves para poder llevar a cabo el peligrosísimo ejercicio.

—Aquí está Samperio —gritó alguien—. ¡Enséñanos tu salto mortal!

Samperio dudó un segundo, pero se armó de valor y, sin pensarlo, avanzó. Era más pesado y torpe que el anterior voluntario, pero igualmente subió por los largueros llegando un poco más arriba que su predecesor. Algunos cabellos se le erizaron también. Ante las aclamaciones, hizo una señal simiesca golpeándose el pecho y se aventó dando una maroma en el aire. Cayó de espaldas en el cacharro. Se escuchó un ruido seco, cual si se hubiese golpeado en el fondo del cajón. Hubo unos segundos de espera; finalmente salió ileso y recibió grandes ovaciones.

Entre tanto, mientras todos miraban hacia arriba, el primer muchachito había bajado sin llamar la atención y había desaparecido.

—¿Dónde se metió? —preguntó el jefe—. ¡Búsquenlo! ¡Tiene que subir!

—No hace falta —corrigió Samperio—. Aquí hay otro "nuevo". ¡El de la muleta!

Owin tardó en captar que hablaban de él. En un abrir y cerrar de ojos fue rodeado por varios jóvenes que comenzaron a hostigarlo:

—¿Eres nuevo? ¡Demuéstranos tu valor! ¡Ya viste cómo se hace! Es fácil. Si no aceptas te irá peor. Más te vale que subas, ¿acaso eres un perdedor?

Le quitaron la muleta y lo empujaron al frente. Pudo discutir y librarse del aprieto, pero su tartamudez se convirtió en mudez. Comenzó a jadear. Su cuerpo se llenó de adrenalina. Odiaba que lo llamaran perdedor. Si lograba subir y saltar, tal vez dejaría de ser "el nuevo" y lo respetarían.

Cada vez llegaban más muchachos de las cercanías. Tenía que impresionarlos. ¿Qué tan difícil podía ser? Samperio y el Mono habían realizado la hazaña sin problemas.

Se armó de un valor artificial que era sólo cobardía disfrazada y escaló la torre sin mirar hacia abajo. Los cables zumbaban como si tuvieran vida propia. La sensación de ser agarrado por un espeluznante halo de fuerza incluyó no sólo su cabellera sino su ropa y piel.

—¡Sube más! —le gritaban—. Por lo menos hasta el barrote amarillo.

Miró hacia arriba. Le faltaban como dos metros para la marca... Dirigió su vista al suelo y se quedó inmóvil. Un sin fin de ideas se dispararon en su cerebro: *El miedo nos permite detectar el peligro y huir de él. Es el más útil mecanismo de defensa... No actúes en contra de tus principios para que otros te acepten... Aléjate de las masas siempre que puedas... La colectividad te anulará y, sin darte cuenta, estarás haciendo cosas que no van con tu persona...*

—¡Sigue subiendo! ¡Demuestra tu hombría! ¿Qué pasa? ¿Por qué te detienes? ¡Cobarde! ¡Chillón!

El contenedor de hule espuma se veía pequeño y lejano. La multitud comenzó a perder definición. Cerró los ojos y volvió a abrirlos. Se estaba mareando. Todos los muchachos le gritaban desde abajo. Owin jadeaba y temblaba. Intentó soltarse para salir del atolladero en el que se había metido, pero el instinto de conservación lo hizo aferrarse con más fuerza a los largueros de metal. Entonces las cosas empeoraron. El público no parecía dispuesto a quedarse sin espectáculo, así que cuatro jóvenes fortachones, Samperio entre ellos, comenzaron a escalar con intenciones de llegar hasta el novato.

Todo ocurrió muy rápido. En menos de un minuto, los cuatro muchachos rodearon a Owin y comenzaron a jalarlo de brazos y piernas para arrancarlo de la torre. Si era difícil atinarle al camión de hule espuma lanzándose desde las alturas con toda concentración, resultaba casi imposible después de un violento forcejeo. Owin rogó:

—¡No... no... no me avienten, po... por favor, po... por lo que más quieran, haré lo que digan allá abajo, pero por... fa...!

Fueron inútiles todas sus súplicas. Los grandulones terminaron desprendiéndolo.

Ya estaba en el aire cuando fue agarrado por la camisa y devuelto a la solidez de la torre. Un hombre canoso, con las manos llenas de grasa, que había subido detrás, lo detenía fuertemente y regañaba a los cuatro pillos.

—¿Qué están haciendo, miserables? —gritaba—, ¿quieren matar a su compañero?

El hombre estuvo a punto de perder el equilibrio también, hizo un movimiento para detenerse y aflojó la presión con la que sostenía la camisa de Owin. El peso del chico resultó demasiado grande; se le resbaló, pero alcanzó a enderezarlo para que no cayera fuera de la caja.

Owin, manoteó en el aire y descendió como un plomo sin control. Guardó la respiración, cerró los ojos. Esos segundos en caída libre le parecieron eternos y, como en cámara lenta, escuchó tanto el pavoroso trueno que produjo su cuerpo al estrellarse en el interior de la caja acolchada, como el sonido ocasionado por una de sus piernas que no logró entrar al compartimiento y golpeó en el borde del camión. Un dolor garrafal lo invadió. Quiso gritar y el alarido se ahogó en su garganta, quiso llorar y las lágrimas se cristalizaron en un rictus de angustia, quiso recoger su pierna pero una punzada mortal en su rodilla le indicó que estaba gravemente herido. Entonces perdió la noción de la realidad y se desmayó.

95

REPASO DE CONCEPTOS

01. Las personas, cuando están en medio de grupos, pueden crear alborotos, destruir, matar o pelearse sin pensar.
02. Los pandilleros se comportan de forma irracional obedeciendo a las causas de su grupo.
03. Si estás solo, podrás actuar con libertad, brindar ayuda y arriesgarte por defender tus ideales. Rodeado de gente, en cambio, es muy probable que te dejes llevar por lo que hace o no hace la masa.
04. En conciertos de rock, manifestaciones, linchamientos, sectas y grupos dominadores, tu individualidad quedará disminuida y, sin darte cuenta, estarás haciendo cosas que no van con tu persona.
05. Aléjate de las masas siempre que puedas; si alguna vez te hallas dentro de una, recuerda: La madurez se demuestra en qué tanto puedes mantener tus principios rodeado por personas que difieren de ellos.

PREGUNTAS PARA REFLEXIONAR

01. ¿Has visto cómo se comportan los pandilleros? ¿Qué piensas de ellos?
02. ¿Alguna vez te has sentido disminuido rodeado de gente? Relata.
03. ¿Qué crees que conviene más, enfrentar a una pandilla para tratar de convencerla de que cambie su conducta o alejarte de ella?
04. ¿Por qué piensas que alguien, cuando está en medio de un grupo, no actúa como actuaría si estuviese solo?

TÉCNICA DE "SEGUIR LA CORRIENTE"

*E*l señor Meneses fue traído de nuevo a las oficinas. Esta vez llevaba las manos esposadas. El agente del Ministerio Público le dijo:

—Hay una persona que viene a recoger a su hija; es necesario que usted lo autorice por escrito.

—¿Una persona? ¿Quién es? ¿De dónde salió?

—La joven hizo una llamada telefónica, y aquel hombre llegó por ella.

—¿Tú conoces a ese señor?

Beky afirmó con la cabeza.

—¿Y estás dispuesta a irte con él, mientras yo...?

Waldo Meneses se interrumpió para girar muy despacio; el pretensor de la custodia de sus hijos se había acercado a ellos. Les explicó que colaboraba con un albergue especial para chicos sobresalientes de escasos recursos, en el que a más de treinta jóvenes se les daba alimento y educación. Sólo siete de ellos dormían ahí. El resto iba a sus casas por la noche todos los días. El hombre aseguró que Beky y Owin serían atendidos de forma excelente durante el tiempo que fuera necesario, gracias a la recomendación de "alguien" a quien él apreciaba mucho.

Meneses no estaba en posición de objetar ni de exigir nada; Beky, aunque atemorizada y confundida, había prometido a su maestra confiar en ella.

Después de realizar los trámites, el señor Meneses se despidió de su hija y fue devuelto al interior del presidio. Ninguno de los dos pudo evitar que se les resquebrajara el corazón al separarse de nuevo. Beky salió acompañada del sujeto.

Ya en la calle, el hombre la invitó a subirse a un lujoso auto negro. Ella obedeció. Ni los cómodos sillones de fina piel, ni el clima artificial controlado por computadora le quitaron el frío proveniente de lo más profundo de su ser. Se abrazó ambas rodillas y lloró. El hombre la dejó desahogarse.

Eran casi las diez de la noche cuando llegaron al albergue. No parecía un sitio para niños con escasos recursos; en realidad era una casa colonial de excelentes acabados.

Antes de bajar, el hombre le preguntó:

—¿Dónde está tu hermano?

—Escapó. Quisiera que mañana fuéramos a buscarlo. Tengo miedo de que le pase algo.

—No te preocupes. Es muy inteligente y sabrá cuidarse. Lo noté cuando me dijo: "si otra persona trata de causarnos emociones negativas es porque desea manipularnos a su antojo".

Ella asintió.

—¡De todos modos quiero que me ayude a encontrarlo!, por favor. No tiene adónde ir. Tal vez regrese a la librería del mercado a buscarlo a usted.

El hombre vestido de negro asintió.

A pesar de la hora inconveniente, Beky fue recibida por una amable mujer que la acomodó en un cuarto espacioso con cama individual. Era más de lo que esperaba.

Las sábanas blancas y el edredón almohadillado la "abraza-ron", y se quedó profundamente dormida. Fue una noche re-paradora. Su cuerpo sumido en la comodidad repuso con cre-ces las horas de sueño perdidas.

A la mañana siguiente, se levantó cerca de las diez. Se bañó y se vistió. El lugar parecía desierto. Exploró. Llegó a la coci-na y vio a una mujer lavando los platos.

—Hola Beky, la hora del desayuno ha terminado, pero te aparté un poco de fruta. Toma.

Comió y dio las gracias. Luego preguntó:

—¿Dónde están todos?

—En el salón de trabajo —señaló—, ¿ves esa puerta?

—Sí. Gracias.

Fue hacia ella y abrió despacio. Un joven instructor la reci-bió con amabilidad.

—Bienvenida, Beky. Toma asiento. Aquí tienes pluma y hojas blancas.

Había unos veinte muchachos de aspecto humilde, pero lim-pios y alegres.

—Continuaré explicando —dijo el instructor—. Todos po-seemos un "talón de Aquiles", un recuerdo triste, un problema del cual podemos avergonzarnos. Quien conoce nuestro pasa-do, puede sacarlo a relucir para provocarnos un sentimiento paralizante. Memoricen esto: No traten de justificarse o de adornar los hechos; *reconozcan la verdad*. Si el agresor les hace acusaciones falsas o exageradas, respóndanle simplemente que *lo están escuchando* y que *todo es posible*. No confronten los ataques directos, porque entrarán en peleas innecesarias. A quien les haga acusaciones agresivas "síganle la corriente". Es una técnica de asertividad que los ayudará a no sentirse ofendidos y provocará que la otra persona se relaje y pierda el interés en agredirlos —detuvo su explicación para indicar—. Los actores pasen, por favor.

Dos muchachos se levantaron de sus sillas para colocarse al centro: Una chica linda, con vestido rosa a la usanza primaveral, y un muchacho de pantalón azul y cabello engomado. A manera de ejemplo en vivo, el joven hostigó a su compañera y ella le contestó reiteradamente con la técnica de "seguir la corriente":

—¡Tu padre es un alcohólico! Cuando se emborracha comete barbaridades.

—No lo niego —respondió ella sin enfadarse—. Mi padre está en tratamiento y espero que pronto supere su enfermedad.

—¡Entonces cállate! No puedes participar en esta actividad benefactora, ¡además, hace tres años fracasaste realizándola!

—Tienes razón —dijo ella con tono tranquilo—, hace tres años fracasé, pero aprendí mucho y mi punto de vista es valioso.

—¡Provienes de un hogar deshecho! —gritó él—. No tienes autoridad para dar consejos familiares.

—Mi hogar se deshizo —confesó ella con serenidad—, es verdad, no trato de dar consejos, sólo quiero opinar, ¡y mi opinión es importante!

Hicieron una pausa. Cambiaron de ejemplo:

—¡Quedaste en último lugar en el concurso de oratoria; por lo tanto, yo hablaré y tú guardarás silencio!

—Perdí en el concurso de oratoria —admitió la chica—, es cierto, sin embargo los dos tenemos derecho a hablar.

Aunque era interesante la forma en que él la acusaba, usando un tono de voz autoritario y agresivo, era más interesante la forma en que ella respondía: siempre con una sonrisa, sin dejarse intimidar por las "verdades" expuestas en su contra; sin mostrar signos de culpa o vergüenza.

El joven arremetió con un diálogo más largo:

—¡Llegaste tarde anoche; eres una desobligada!

—Tienes razón, llegué tarde —dijo ella sin aclarar nada más.

—¡Las cosas están muy feas allá afuera, debes ser consciente de los peligros!

—Es verdad, hay mucho vandalismo. Voy a tratar de recordarlo.

—¡Si no te cuidas puede pasarte algo malo!

—Eso es definitivo, voy a cuidarme más.

Beky comprendió que "seguir la corriente" era decir a los criticones que *sí* a todo con frescura, sin entrar en discusiones o contraataques.

Los actores hicieron una última representación[1] en la que el muchacho agredió de forma exagerada a la chica y ella le siguió la corriente una y otra vez:

—¡Tienes un aspecto terrible hoy!

—Quizá —respondió ella—. Reconozco que me siento un poco mal.

—¿Y eso justifica tu cabello desaliñado?

—Mi peinado es malo —admitió—. Nunca debí ir a esa estética.

—¡Pero no sólo tu peinado! ¡Mira tu vestido! Es tan cursi.

—Probablemente. Cuestión de gustos.

---

[1] Adaptada de Manuel J., Smith. *Sí puedo decir no*. Ediciones Grijalbo S.A. Barcelona, España, 1988.

—Y tus zapatos. ¡No combinan con ese vestido!

—No combinan, es cierto, ¿qué le vamos a hacer?

—¡Tu fuerte no es el vestir!, ¿verdad?

—No. Es mi punto débil.

—Pero no sólo fallas en tu presentación, ¡también tu traba-jo es malo!

—Quizá. Siempre se pueden hacer mejor las cosas.

—¡Ya lo creo! Vistes mal, trabajas mal, ¿no te remuerde la conciencia al cobrar tu sueldo?

—¡En lo absoluto! —sonrió con sarcasmo—. No siento el menor remordimiento.

—¡Pero qué desfachatez! ¡Además eres una cínica!

—¡Diste en el clavo! Siempre he tenido ese defecto.

—¡Pero estás llena de defectos!

—Tienes mucha razón.

—¿Por qué contestas siempre que tengo razón? Me estás "siguiendo la corriente", ¿verdad?

—¡Definitivamente! También en eso acertaste.

La audiencia estalló en carcajadas y aplausos. Los actores sonrieron y dieron las gracias con discreción.

El expositor terminó diciendo categóricamente:

—No podemos ir por la vida peleando, pero tampoco pode-mos permitir que otros nos hagan sentir mal con sus críticas mordaces. Si alguien trata de intimidarte, esquiva el dardo. Niégate a responder a berrinches, pataletas o autoritarismo; niégate a seguirle el juego a los que desean aplastar tu digni-dad. Por otro lado, muéstrate siempre dispuesto a dialogar con palabras serenas. Si has cometido errores o ignoras algo que, según otros, deberías saber, reconócelo sin sentirte me-nos. No pretendas ser perfecto ante los demás. Vales mucho y eres muy importante aunque otros no lo acepten.

Carlos Cuauhtémoc Sánchez

La sesión terminó. Los chicos se pusieron de pie para salir al patio. Se respiraba un ambiente de alegría y sana autoestima.

El instructor conversó en privado con dos jovencitas. Beky se acercó y esperó su turno. Mientras tanto, vio en la pared un cartelón pegado que ella conocía: "asiste al curso de comunicación eficaz". Miró alrededor. ¡Estaba en el lugar en donde se impartía! Poco después se enteraría que el albergue se mantenía gracias al dinero cobrado al público por los cursos.

—Maestro —le dijo en cuanto se desocupó—, ¿dónde puedo encontrar al hombre que me trajo aquí? Dijo que hoy iríamos juntos a buscar a mi hermano.

—¿Quién es el hombre que te trajo?

—No lo sé. Viste siempre de negro, como sacerdote, es amigo de mi maestra y tiene una librería en el mercado.

El instructor miró a Beky extrañado. Salió unos minutos para hablar con la administradora del colegio y regresó caminando despacio.

—Según parece, fuiste traída personalmente por uno de los fundadores del albergue. Él ya regresó a la capital, donde radica... de hecho, sólo vino a dejarte...

—¡No puede ser! El hombre que me trajo tiene un local en el mercado —insistió—. ¡Yo lo vi abrir con una llave la puerta de la oficina de su negocio! No puede haberse ido...

—Lo dudo... pero, siquieres te llevo a buscarlo.

—Sí. Por favor.

A los pocos minutos, Beky iba en el coche del instructor rumbo a la librería.

REPASO DE CONCEPTOS

01. Si has cometido errores o ignoras algo que, según otros, deberías saber, acéptalo sin sentirte menos. No pretendas ser perfecto ante los demás.

02. Todos poseemos un "talón de Aquiles" del cual podemos avergonzarnos. Si alguien lo saca a relucir, no trates de justificarte; reconoce la verdad.

03. Cuando un agresor te haga acusaciones falsas o exageradas, responde simplemente que lo estás escuchando y que todo es posible.

04. No confrontes los ataques directos porque entrarás en peleas innecesarias. A quien te haga acusaciones agresivas "síguele la corriente". Es una técnica que te ayudará a no sentirte ofendido y provocará que la otra persona se relaje y pierda el interés en agredirte.

ACTIVIDADES

01. Ponte de acuerdo con otro compañero. Pídele que te ataque usando frases de crítica burlona; practica la técnica de seguir la corriente.

02. Inviertan los papeles. Ahora tú atácalo y que él se defienda.

03. A partir de ahora, practica la técnica de seguir la corriente cada vez que alguien trate de hacerte sentir mal con sus ofensas.

104

win se levantó esa mañana con la pesadez habitual. Sus movimientos ágiles habían cambiado por evoluciones torpes y apáticas. Diríase que se trataba de otro chico.

Tomó la muleta que estaba siempre tirada junto al catre y se apoyó en ella para ponerse en pie. Inició sus ejercicios de flexión y extensión. Desde el día del accidente, no había dejado de realizarlos. Tenía la esperanza de volver a caminar y correr como antes.

Sus compañeros se estaban alistando; la Tía les repartía billetes de lotería y productos de contrabando para que los vendieran en las calles.

Owin esperó a que la casa se vaciara, tomó los utensilios de limpieza y entró al baño para asearlo. Vio una rata escondiéndose a toda prisa entre las baldosas sueltas. No le hizo mayor caso. La construcción estaba llena de pequeños agujeros por los que los roedores solían entrar y salir. Tenían su madriguera cerca de los cuartos en los que la Tía almacenaba desperdicios de comida para alimentar a sus cerdos.

Owin realizó el aseo del baño y siguió barriendo el resto de la casa.

—No... no soporto el do... dolor de la rodilla... —se quejó como hablando consigo mismo.

Lorena, quien era ahora la cocinera permanente, lo escuchó y salió a su encuentro.

—¿Por qué no le dices a la Tía que te lleve a un médico?

—¿Y... y si se enoja?

—¡Que se enoje! Hace mucho tiempo que ocurrió el accidente y no pareces mejorar. ¡Debes ver a un doctor!

—¿Pa... para qué? Lo... lo más difícil ya pasó. No quiero causar mo... molestias.

—¡Owin tienes derecho a ser bien atendido! Colaboras mucho aquí. Dicen que cuando caíste de la torre, todos pensaron que te habías roto la pierna a la mitad. Se oyó un golpe durísimo y luego tus gritos. Te sacaron del camión inconsciente, y en vez de llevarte a un hospital te trajeron aquí. ¿Crees que eso es justo? ¡La Tía no es doctora! Te puso cataplasmas con hierbas y te vendó. Estuviste varias semanas acostado, delirando por el dolor, con fiebre y alucinaciones, pero ¡nunca llamaron a un médico! Pudiste quedar inválido. ¡De verdad, después de ese golpe en la rodilla es un milagro que puedas caminar! Has aguantado mucho y, ya ves... ha pasado más de un año y todavía cojeas. ¡Debes decirle a la Tía que te lleve al doctor!

—¿Y... y si se enoja?

—Dios mío, Owin, ¿qué importa si se enoja?

En ese momento se escuchó la voz de la mujer.

—¡*Chamacos*! ¿Están haciendo su trabajo? ¡Los oigo co-madrear demasiado!

—Vamos —insistió Lorena bajando la voz—, habla con ella antes de que se emborrache más.

—Me... me siento muy mal hoy —comentó.

La Tía se había recostado en su hamaca frente al televisor y bebía a pequeños sorbos una botella de tequila.

—Me... mejor espero que se duerma y... y salgo yo mismo a la ciudad.

—¿Tú mismo? ¡Pero si estás como encadenado! ¡Apenas puedes caminar y no tienes dinero para subirte a un taxi o a un colectivo! La Tía te quitó todo lo que guardabas en el zapato el día del accidente. Además, si descubre que saliste sin su permiso, creerá que tratas de escapar, te buscará y te castigará como a Hugo... ¿lo recuerdas?

Owin asintió.

—¿Qué diablos pasa aquí? —la matrona apareció detrás de ellos sin soltar su botella. Lorena regresó a la cocina y Owin tomó la escoba de nuevo.

—¡No quiero volver a verlos chismorreando!

Owin se apoyó en la muleta con el brazo izquierdo y usó el derecho para mover la escoba. La ironía de su vida era que él no había querido usar la muleta falsa y ahora la usaba de forma permanente.

Después de un rato, terminó cuanto le correspondía en el interior y salió al patio. Estaba obligado a barrer también los corrales. Recogió los huevos recién puestos por las gallinas, esparció maíz y lavó los chiqueros. Eso último era lo más asqueroso de su trabajo. Junto a los cerdos estaban dos cuartos donde se guardaban desperdicios; además de ser criadero de ratas, eran también los únicos que tenían argollas por fuera y podían ser cerrados con candado. Owin tragó saliva sólo de pensar en el castigo que la Tía le impuso a Hugo cuando la pandilla lo encontró una semana después de huir: Lo encerró en uno de esos cuartos por dos noches y un día casi sin probar alimento.

La rodilla le molestaba con punzadas intermitentes y tardó más de la cuenta en sus labores. Cuando entró de nuevo a la casa, vio a la mujer dormida en su hamaca con la botella de tequila en el regazo frente al televisor que transmitía un repugnante programa de esoterismo.

Owin escuchó a Lorena trabajando en la cocina; tuvo el deseo de acercarse a ella, pero recordó que tenía impregnado el olor a porqueriza. Fue hasta la regadera para bañarse. Sentía por esa chica un cariño diferente al que le inspiraba el recuerdo de su madre o su hermana. El cariño incipiente de un hombre hacia una mujer.

Después de un rato salió de la regadera y se vistió con ropa limpia. La Tía le había regalado dos pantalones y tres camisas y, aunque las prendas le quedaban zanconas pues había crecido mucho en los últimos meses, cuidaba de que estuvieran siempre pulcras y no olieran mal.

Lorena había terminado su trabajo y tomaba un respiro. Owin llegó a la cocina cojeando. Ella lo miró sin poder evitar un mohín de tristeza. Se limpió las manos en el delantal y dijo:

—A ver, amigo, siéntate en esta silla. Déjame revisar tu pierna.

Él obedeció. Lorena se puso en cuclillas e inspeccionó:

—Por fuera todo parece bien, el problema es por dentro... me dijeron que en la rodilla hay pequeños cartílagos envueltos en líquido... tal vez algo no está en su lugar...

Le puso una mixtura de aceite y lo vendó usando un trapo limpio. Owin, mientras tanto, le acarició la cabeza con la mirada.

—Encontré algo —comentó ella de pronto—, tirado debajo de tu cama. Andrés me dijo que era tuyo...

La chica se puso de pie y sacó de un cajón la libreta de Owin. Estaba sucia y maltratada. Había comenzado a deshojarse.

—¿Conoces esto?

Él asintió.

—A... antes la leía... Ya... ya no lo hago... Desde el día del accidente.

—¡Pero eso fue hace más de un año! Owin, en este cuaderno hay palabras interesantes. ¿De quién es?

—De mi mamá...

—¿Y lo tienes olvidado? ¿Cómo es posible? Mira lo que dice.

Pasó las páginas hasta hallar una que había sido doblada a la mitad y comenzó a leer:

Hoy he aprendido que no debo preocuparme si otras personas se molestan por mis opiniones. Seré honesta y respetuosa. Aunque no trataré de herir o causar problemas, pronunciaré mis deseos, exigiré mis derechos y hablaré sin temor. Cuando el asunto lo amerite, mostraré mi inconformidad con firmeza. Eso puede ocasionar que alguien se enfade. No importa. Dejaré que se enfade, le daré su tiempo y después hablaré con esa persona tranquilamente.

Por otro lado, nunca permitiré que buenas relaciones humanas terminen mal de forma permanente, ni aceptaré la indiferencia después de un desacuerdo. Dejaré pasar unos días, pero tendré la iniciativa de hacer una cita o una llamada para aclarar las cosas y extenderle al resentido mi mano amiga. En ese acercamiento, le haré saber, con palabras suaves el porqué reaccioné así, le diré que lo estimo, que no quise ofenderlo y que deseo continuar una relación afable.

Hoy sé que el aprecio entre dos personas se fortalece con las reconciliaciones y la comunicación sin máscaras.

Gran parte del éxito en la vida dependerá de mi capacidad para expresarme con palabras. A partir de hoy no le temeré al enfado ajeno y diré lo que opino con claridad.

Lorena guardó silencio y cerró la libreta.

—Owin —agregó después—, he notado que siempre callas y quieres quedar bien con los demás. Te has convertido en una especie de esclavo en esta casa. Todos te traen de un lado a otro, y tú aceptas que te ninguneen con tal de que no se enojen contigo... Eso está mal... Cuando yo te conocí no eras así...

El muchacho había agachado la cabeza. Aunque su rodilla se estaba recuperando poco a poco, su mente había quedado postrada y sin fuerzas para luchar después del accidente en la torre de "clavados". No lo dominaron ninguna de las terribles circunstancias adversas, pero *la torre* lo hizo... Cuando limpiaba los corrales todas las mañanas, sentía la presencia física de ese fantasma eléctrico vibrar, y la piel se le erizaba ante la inminencia de su dominación. Aún se hacían sesiones de clavados, pero él no acudía a ellas y nadie lo presionaba. ¿Para qué? Los demonios no presionan a quienes tienen encadenados.

Owin se preguntaba constantemente por qué el hombre canoso que le salvó la vida evitando que cayera en el piso, no terminó de ayudarlo llevándolo a un hospital. ¿Por qué si todos lo conocían como "el mecánico de la cañada", huyó de ese lugar quizá temeroso de que lo implicaran en un intento de homicidio? ¡Si hubiera llamado a una ambulancia, la Tía y sus rufianes, se habrían escondido y él quizá estaría de nuevo con su hermana!

Una lágrima se deslizó por su cara.

—Be... Beky... —susurró al recordarla—. ¡Quie... quiero buscar a mi familia! Yo... yo no pertenezco a este lugar.

Agachó la cara y Lorena lo abrazó.

—Yo tampoco tengo por qué estar aquí... —se separó para hablar con furor—. Durante este tiempo me he deleitado con la tonta idea de que mis padres deben haber sufrido mucho buscándome, pero luego me doy cuenta que yo he sufrido más y quizá ellos me han olvidado.

—¿Por qué dejaste a tus papás, Lorena?

—Traté de darles una lección. Mamá es actriz de teatro y papá es agente aduanal. Se divorciaron, se casaron con diferentes personas y me trataron como a un estorbo. Claramente dijeron que ninguno quería tenerme cerca... ¡Por eso los dejé! Pero fue un error. ¡Aunque mis padres están llenos de defectos, yo nunca debí abandonarlos! Soy una tonta, Owin, ¡hagamos algo! Perdóname. He tratado de darte consejos para que reacciones pero ¡yo estoy igual! ¡Encadenada a este sitio! Temerosa de que la Tía me haga algo malo. ¡Vamos a unirnos para escapar!

—¿Y... y a... a dónde iremos?

—¡A una oficina de gobierno! Cualquier lugar es mejor que éste. Tú y yo somos amigos. Podemos ayudarnos.

—Pe... pe... —se puso de pie con entusiasmo—, pero debemos ser cuidadosos. Si... si la Tía se entera que planeamos escapar, nos meterá a los cuartos de castigo. Ya lo hizo co.. con Hugo. Casi se muere.

—Sí, sí, lo recuerdo. Haremos todo con cuidado, sin despertar sospechas... Cuando menos se den cuenta habremos desaparecido, ¡y nos reiremos para siempre de esa horrible bruja!

Escucharon el leve tronido de un movimiento articular, como si alguien de pie hubiese cambiado su punto de apoyo de una pierna a otra.

Lorena y Owin, aterrados, giraron la cabeza con rapidez. Sintieron que un alud de lava ardiente los cubría.

Parada junto a la puerta de la cocina estaba la Tía escuchando atentamente su conversación.

REPASO DE CONCEPTOS

01. Procura ser sincero sin dejar de ser respetuoso. Lo que piensas es importante. Dilo sin inhibiciones.

02. Quizá a otros les incomodará tu sinceridad, pero debes estar seguro que a la mayoría de la gente le molesta más la hipocresía y la falta de transparencia.

03. Dicen por ahí que los privilegios se ganan, pero también los privilegios se "piden". Quien no solicita lo que merece, pocas veces lo recibe de manera espontánea.

04. Gran parte del éxito que logres en la vida dependerá de tu capacidad para expresarte con palabras.

05. Nunca seas tímido, callado o retraído. Pregona tus convicciones aunque esto produzca enfado a otros. Aclara las cosas después y verás cuán dulces son las reconciliaciones.

PREGUNTAS Y ACTIVIDADES

01. ¿Conoces a una persona que siempre dice sus pensamientos con transparencia y sinceridad? ¿A veces causa molestias? ¿Qué piensan de ella los demás?

02. ¿Hay algunos privilegios o favores que deseas obtener? ¿Cuáles? Planea la manera de solicitarlos y hazlo cuanto antes. Recuerda ser respetuoso y honesto al hablar.

03. ¿Alguna vez tuviste miedo de que otro se molestara y por eso preferiste tolerar situaciones con las que no estabas de acuerdo? Relata. Procura que eso nunca vuelva a ocurrirte. Si aún es tiempo, habla con franqueza.

04. Practica la reconciliación. Recuerda una persona de la que te hayas distanciado por un enfado. Ve a verla o llámale por teléfono de inmediato. Dile que la aprecias, aclara los malos entendidos y ofrécele tu amistad.

15 TÉCNICA DE "REGALAR CONFIDENCIAS"

*B*eky miraba al horizonte con la vista perdida. Se sentía más sola que nunca. Agachó la cara y abrió uno de sus libros para distraerse leyendo, pero le fue imposible concentrarse. Una lágrima acabó por desprenderse de sus ojos. Se limpió la cara, cerró el libro y miró por la ventana. Debía bajarse del autobús en la siguiente esquina. Se puso de pie y tocó el timbre. El chofer comenzó a disminuir la velocidad. Cuando detuvo el pesado vehículo, la joven pasó junto a él y se despidió.

—Que tengas un buen día, Tomás.

—Lo mismo para ti, Beky.

Desde hacía varios meses tomaba la misma ruta a la misma hora y, con frecuencia, el autobús era conducido por el mismo chofer.

Entró al viejo edificio de gobierno en el que se hacía la localización de chicos desamparados. Subió las escaleras y se dirigió a su mesa. Auxiliaba a una de las trabajadoras sociales. No le pagaban mucho, pero se enteraba, primero que nadie, de cada muchacho que era rescatado en la calle y canalizado a los albergues. Aunque en sus ratos libres revisaba los expedientes de los últimos años, no había encontrado noticias de su hermano.

Esa mañana fue especialmente activa. Nueve jóvenes inmigrantes deportados del país vecino, estaban detenidos en la Procuraduría para la Defensa del Menor. Beky analizó el reporte. En la lista no aparecía su hermano, aunque... si Owin había pasado ilegalmente la frontera, podía haberse cambiado el nombre.

—Quiero acompañarla para ayudar a acomodar a esos nueve jóvenes —le dijo a su jefa—. ¿Puedo hacerlo?

—Claro... Hoy tenemos mucho trabajo: también encontraron, en el barranco del río seco, a un grupo de muchachos de la calle arrojándose desde lo alto de una torre eléctrica. Queremos enviar a dos trabajadoras sociales para que los inviten a salirse de ese lugar. ¿A dónde prefieres ir?

"Mi hermano jamás se arrojaría de una torre..." —pensó Beky.

—Prefiero ir con los chicos deportados.

—De acuerdo.

Con profunda tristeza, Beky comprobó que entre aquellos muchachos no estaba Owin, y ninguno sabía nada de él.

A las tres de la tarde subió a otro autobús urbano para dirigirse al mercado. Llegó a la librería en la que conoció a su benefactor del traje negro. Se había hecho muy amiga de la dueña.

Carlos Cuauhtémoc Sánchez

—Hola, Catita —le dijo—, aquí están los libros que me prestaste. Muchas gracias.

—De nada, Beky. ¿Quieres llevarte otro?

—Sí. Pero déjame ayudarte a acomodar todo esto.

Había en el suelo una pila de volúmenes llegados recientemente. Beky comenzó a desempolvarlos y a clasificarlos.

—¿Cómo te ha ido con la búsqueda de tu hermano?

—Mal, Catita. Nadie sabe de él. A veces me desespero un poco... Han pasado cuatro años. ¡Cuatro!

—Mantén la esperanza. Verás que aparece cualquier día de estos.

—Sí. Ojalá...

—¿Y tu benefactor?

—Desde el día en que me dejó en el albergue no me ha visitado... Sé que manda dinero y se preocupa por mi bienestar, pero no lo he vuelto a ver... —entonces formuló la pregunta que hacía cada vez que iba a la librería—: ¿no ha venido por aquí?

La dueña del negocio movió la cabeza.

—Ya te lo he dicho. Aquel hombre era un cliente. Solía comprar libros de filosofía. Todavía no me explico cómo fue que ese día entró a mi oficina y los ayudó a escapar, a ti y a tu hermano, por la ventana del baño.

—Tú sí me crees, ¿verdad, Catita?

—Claro, hija... ¿por qué inventarías algo así?

Beky siguió acomodando libros sin hablar. Después de una hora se despidió de su amiga y salió de la librería. Volvió a tomar un autobús urbano. La tristeza le oprimía el pecho y le quitaba la respiración. Se sentía muy sola...

En cuanto llegó al albergue fue directo a la sala de trabajo. Había estudiado "comunicación afirmativa" con el resto de los chicos desamparados, pero desde que comenzó a trabajar, sólo asistía a las sesiones vespertinas. Tomó asiento en su lugar habitual y escuchó al expositor. Estaba presentando la técnica de "regalar confidencias".

—Las personas usamos máscaras como estrategia —decía el maestro—, ponemos barreras que dificultan la comunicación. Hoy aprenderemos a quitarlas usando el método de "regalar confidencias". Nuestros actores, ¿pueden pasar al frente, por favor?

Los dos jóvenes, hombre y mujer, que solían representar los diálogos se pusieron de pie. El maestro continuó explicando:

—Algunos creemos que para decir nuestros sentimientos, anécdotas o proyectos se requiere un ambiente de intimidad especial y un amigo fiel que se haya ganado nuestra confianza. Esto no es necesariamente cierto. Las confidencias son un *regalo* que destraba la comunicación y agrega valor a las relaciones humanas; ¡ah!, y recuerden: los regalos se dan sin esperar una retribución a cambio, de lo contrario, dejan de ser regalos para convertirse en negocio.

Hizo una señal con la cabeza a los jóvenes actores y se retiró del escenario dejándolos solos. Los muchachos comenzaron a exponer ejemplos de la técnica.

—¿Puedes cuidarme a los niños mañana? —preguntó ella—, sé que tienes la tarde libre.

—No —respondió él—. Voy a ir al cine. He pasado una semana difícil y me hace falta estar solo.

—¿Vas a ir al cine solo? ¡Qué tontería! ¡No seas malo! ¡Quédate a cuidar a mis hijos!

—Amiga, no puedo guardarte secretos a ti: hace dos días tuve un dolor abdominal terrible; pasé toda la noche revolcándome. Los médicos me hicieron exámenes y me detectaron una úlcera. Tengo demasiada presión en mi trabajo. A veces siento que me vuelvo loco. Necesito urgentemente calmarme y estar conmigo mismo para reorganizar mi vida. Sé que deseas un favor, pero también sé que me entiendes y me quieres igual que yo a ti. No puedo apoyarte, porque soy yo quien necesita de tu apoyo.

—Vaya —dijo ella con cierta pena—, no sabía que te estaba pasando todo eso. Gracias por tu confidencia y, por supuesto, cuentas conmigo.

Los muchachos regresaron a sus asientos y recibieron un cariñoso aplauso. Otros dos jóvenes varones pasaron al frente. Colocaron como escenario una mesa sobre la que pusieron dos vasos y una botella.

—¿No me vas a acompañar? —preguntó uno de ellos alegremente—. Tómate una copa, ¡vamos!

—Prefiero refresco —respondió el aludido—, gracias.

—¿Por qué? ¡Este es un momento de alegría!

—Estoy alegre, pero no me agrada el alcohol.

—¿Eres un religioso fanático o qué? ¡Anda! —le sirvió un vaso hasta el borde—. Pruébalo al menos. Sé que te gustará.

—Mira, compañero. Aunque tenemos muy poco tiempo de conocernos, quisiera cultivar nuestra amistad. Por eso voy a compartirte algo: En mi casa siempre hubo alcohol. Aprendí a beber desde niño porque mi padre me enseñó. Él bebía diario. En una fiesta como la de hoy se emborrachó y manejó el automóvil de regreso zigzagueando. Nos estrellamos con un camión. Todos salimos heridos. Mi padre siguió tomando hasta que acabó con su vida y con mi familia. No soy religioso fanático y por supuesto que me apetece beber este vaso de licor, pero necesito que me entiendas: prefiero tomar refresco.

—¡Oh! —dijo el otro muchacho con agradecimiento—. No sabía nada de eso. En tal caso tomemos refresco los dos.

La concurrencia aplaudió de nuevo.

El expositor aprovechó para decir:

—Por lo regular, cuando regalas una confidencia, rompes barreras, haces que la otra persona se sienta más cerca de ti y despiertas en ella el deseo de regalarte también sus propias confidencias. Veamos a nuestros actores exponerles un ejemplo más.

—Ayer extravié mi cartera —dijo el muchacho—. La busque por horas. Finalmente la encontré, pero le eché a perder toda la tarde a mi familia.

—Esas cosas pasan —contestó el otro—. Yo perdí mi pasaporte en el aeropuerto y hasta la fecha no he podido reponerlo.

El expositor intervino de nuevo:

—Como algunos habrán detectado, esta técnica conlleva el riesgo de que la otra persona se burle de ustedes o los califique como débiles. En esos casos, usen la técnica de "seguir la corriente" sin permitir que las palabras del ofensor los lastimen.

Se apartó para permitir a los actores continuar.

—Extravié la cartera ayer —repitió uno de ellos—. Le eché a perder la tarde a mi familia.

—¡Qué barbaridad! —respondió el otro—. Eres un torpe.

—Sin duda, podría ser más listo.

—¡No pierdes la cabeza porque la traes pegada!

—Es cierto —dijo el primero llevándose ambas manos a las mejillas para jalar hacia arriba y tratar de quitarse la cabeza—. Gracias a Dios la traigo bien pegada.

Los alumnos soltaron una carcajada. El expositor volvió al frente y los actores a sus lugares.

—En este grupo —dijo el maestro—, hemos ido conociéndonos poco a poco. Cada vez nos queremos más. Les puedo asegurar que los vínculos afectivos se fortalecen cuando se quitan las barreras. ¿Alguien quisiera regalar una confidencia a sus compañeros hoy?

Hubo silencio por varios segundos. Al fin, una joven se

atrevió a levantar la mano y pasó al frente. Dijo casi de inmediato:

—Yo soy hija de este albergue. Aquí me crié y aquí crecí... ahora estudio en la universidad. Quiero ser pediatra —carraspeó—. Nunca me hablaron de mi pasado, pero yo investigué... Se los voy a compartir porque ustedes me caen bien y quiero hacerles ese regalo. Mi madre no quiso tenerme... tal vez intentó abortarme sin éxito... finalmente nací... y ella me abandonó en un basurero. Cuando me encontraron... las ratas habían mordisqueado mi cuerpo... Estuve en el hospital infantil mucho tiempo... —se interrumpió unos segundos—, creo que todos los seres humanos necesitamos el amor de unos padres... miró hacia arriba para controlar su tristeza— Si nuestros padres nos traicionan prosiguió—, perdemos todo en la vida... Sólo nos queda el amor de Dios... —sonrió un poco—. No quiero que esto suene a herejía, pero aunque lo tengamos a Él, a veces necesitamos gente de carne y hueso que nos abrace —se le quebró la voz—. Por eso estudio pediatría... quiero ayudar a los niños de escasos recursos y darles mucho amor.

La joven tomó asiento. Los presentes aplaudieron sintiéndose identificados y agradecidos. Cuando hubo silencio otra vez, Beky se puso de pie. Quería desahogar su pena y no tenía objeción de hacer el ejercicio en forma de obsequio.

—Me llamo Beky Meneses —comenzó—. Tengo diecisiete años. Provengo de una hermosa familia. Mi madre murió de cáncer, luego mi padre cayó en depresión... cometió errores graves y ahora está en la cárcel. Lo condenaron a nueve años de prisión. Apenas lleva cuatro... es el mismo tiempo que mi hermano menor ha estado perdido... —no pudo soportar la tristeza y agachó la cabeza—. Extraño mucho a mi hermano...

Cuando levantó los ojos para seguir su testimonio se quedó

helada. Un hombre de mirada penetrante la observaba de pie junto a la puerta. El instructor le preguntó qué se le ofrecía.

—Soy el comandante Hermenegildo López —respondió usando tono militarizado—, necesito hablar con la señorita Beky Meneses.

Ella no pudo terminar su testimonio. Se disculpó con el público y salió del aula para atender al policía.

PODER DE COMUNICACIÓN: USA LA TÉCNICA DE "REGALAR CONFIDENCIAS"

REPASO DE CONCEPTOS

01. Las personas usamos máscaras para proteger nuestra intimidad. Las máscaras se vuelven barreras que dificultan la comunicación.
02. Dos individuos conversando, con frecuencia se comportan como actores detrás de un disfraz. La persona afirmativa sabe quitar barreras para entablar un contacto más directo. Una de las mejores formas de hacer esto es regalar confidencias.
03. Regalar confidencias no es necesariamente hacer confesiones profundas como "mi padre era un alcohólico y nos golpeaba". Para efectos de la técnica, se consideran confidencias frases tan sencillas como "tengo hambre", "qué sueño me ha dado", "yo antes pensaba igual", "mi vida ha sido una aventura", etcétera.
04. Las confidencias son un regalo que destraba la comunicación y agrega valor a las relaciones humanas. Los regalos se dan sin esperar una retribución a cambio, de lo contrario, dejan de ser regalos para convertirse en negocio.

ACTIVIDADES

01. Ponte de acuerdo con otro compañero. Conversen usando la técnica de regalar confidencias. Hagan la plática real. Observen los resultados.
02. A partir de ahora, practica la técnica de regalar confidencias cada vez que sientas la comunicación rígida con alguien a quien aprecias.

Carlos Cuauhtémoc Sánchez

16

TÉCNICA DE "DAR CUERDA"

*L*e tengo buenas noticias —dijo el comandante López a Beky—. El gobierno federal ha propuesto reducir la sentencia a algunos presos para despoblar las cárceles. Un juez analizará cada caso y determinará a quienes les dará la libertad anticipada.

—¿De verdad? —exclamó Beky—. ¿Eso significa que tal vez mi papá salga libre?

—Sí. Es posible. Las audiencias serán hoy. ¿Quiere venir?

—¡Claro! ¡Muchas gracias!

Beky salió con el comandante a toda prisa. A los pocos minutos llegaron. Ella entró a la sala de espera y tomó asiento. Llevaba consigo un libro de asertividad. Trató de hojearlo, pero no pudo leer ni un párrafo. Se miró en el espejo lateral de la elegante salita y acomodó el mechón que siempre se salía de su sitio. Al fin la puerta se abrió. Dio un salto y apretó sus dedos con gran expectación. El flequillo volvió a cubrirle parte de la frente. El señor Meneses apareció.

—¡Papá! —exclamó emocionada.

Beky y Waldo Meneses se abrazaron.

Durante los últimos años, ella había visitado a su padre algunas veces en la cárcel, pero como era menor de edad, sólo le habían permitido hablarle a través de un cristal.

—El juez puede llamarlos en cualquier momento —comentó Hermenegildo López antes de dejarlos solos—. Esperen aquí.

—Sí, comandante. Gracias.

Meneses tomó a su hija por los hombros para admirarla.

—¿Estás bien? ¡Te he extrañado tanto!

—Y yo a ti, papá...

—¡Mira nada más qué guapa vienes! ¡Y cómo has crecido! Eres toda una señorita.

—Tengo diecisiete años...

—Sí... —hizo una pausa—. Igual que tu hermano...

Beky asintió y volvió a arrojarse a los brazos de su padre; recordó las palabras de su compañera: "aunque tengamos a Dios, a veces necesitamos gente de carne y hueso que nos abrace".

Después de un rato se separaron y tomaron asiento en el mullido sillón. Era una estancia pequeña con mesas de cristal y alfombra marrón afelpada.

—¿Tú crees que el juez acceda a reducir mi sentencia?

—¡Sí! ¡Debe de hacerlo! El comandante Hermenegildo me dijo que todo depende de cuál haya sido tu conducta en la prisión.

Waldo Meneses agachó la cara. Era como si los papeles de padre e hija se hubieran invertido. Ella le pedía cuentas y él le ocultaba sus últimas travesuras.

—Papá —preguntó Beky—, ¿te has portado bien, verdad?

—Claro... Aunque sabes que mi carácter es explosivo. Cuando alguien me provoca, no puedo quedarme callado...

La joven movió su cabeza, entristecida.

—¿Has causado problemas?

—Bueno... participé en algunas peleas...

—¿Originadas por ti?

—Beky, ¡cada vez que intentaba hacer las cosas bien, alguien me criticaba! ¡Allá dentro no puedes ser bueno! Recibes agresiones verbales todo el tiempo. ¡O te vuelves violento o te comen vivo!

La joven guardó silencio. ¡Cuán diferentes soluciones les había enseñado la vida a ambos para resolver los mismos problemas!

—El comandante López se ha portado muy amable, ¿verdad, hija?

—Sí...

—Siempre pensé que era un hombre cruel...

—Lo era, al principio, pero ha cambiado. Hace cuatro años, cuando entré al albergue, pedí que me llevaran al mercado para buscar a mi benefactor y ahí me topé con el comandante. ¡Estaba frente a la librería tratando de investigar al hombre de traje negro a quien yo buscaba! Me preguntó si sabía algo y, al mismo tiempo, yo le pregunté si él sabía algo. Nos reímos de la extraña coincidencia y nos hicimos amigos... Desde entonces me ha ayudado a conseguir los permisos para visitarte...

—¡Silencio...!, ¡parece que ya vienen!

El ruido exterior se dirigió a otra sala de espera. Waldo Meneses se puso de pie y caminó en círculos.

—¡Cómo tardan estos malditos jueces! ¡Me hace mucha falta un cigarrillo!

—No sabía que fumaras, papá.

127

—Aprendí a hacerlo en la cárcel. Hay tantas agresiones que se necesitan algunos escapes para no explotar.

Era la segunda vez que Beky oía la misma idea en esa corta reunión. ¿Mientras esperaban, sería prudente leerle a su padre algunas anotaciones del libro que traía?

—Papá —comenzó—, cuando se trata de ayudar a un ser querido hay cosas que no deben decirse, pero hay otras que no deben callarse.

—¿Perdón?

—Aunque no quieras escuchar, voy a compartirte un par de ideas que he encontrado —leyó—: "En el transcurso de tu vida, no podrás evitar que ciertas personas traten de fastidiarte. Si tomas las críticas muy a pecho, te destruirán."

—¿De qué hablas, hija?

—Sigue escuchando, por favor.

Advirtiendo otra vez que los papeles se habían invertido, Waldo Meneses suspiró y tomó asiento.

—Usa esta técnica —continuó Beky—: A quienes te critiquen demasiado, "dales cuerda" haciéndoles preguntas para obligarlos a ser honestos —dejó de leer y reiteró—. ¡"Dales cuerda", papá, pero no te ofendas ni estalles en revanchas! Es una técnica de comunicación afirmativa. Escucha estos ejemplos. Imagina a dos personas dialogando.

Volvió a leer:

—¿Usted es el artista que sale en la tele?

—Sí.

—Me lo imaginaba más formal.

—¿En qué aspecto le parezco informal?

—Siempre lo he visto mejor arreglado.

—¿Tiene alguna sugerencia para mí?

—Bueno, creo que debería ir a lugares más privados.

—Sin duda, ¿qué más ve mal en mí?

—No debería vestir tan casual.

—De acuerdo. ¿Y mi familia, cómo la ve?

—No se moleste, pero a sus hijos me los imaginé más educados.

—Son unos malcriados, ¿qué más no le gusta de mí o de mi familia?

—Nada más. Yo sólo quería hacer una crítica constructiva.

—Fue muy constructiva. Gracias.

—De nada.

Waldo Meneses frunció las cejas y protestó:

—El artista de ese diálogo es demasiado tonto.

—O demasiado listo, ¿no crees?

Beky prosiguió.

Quien te critica para hacerte sentir mal no suele tener fundamentos en sus opiniones. Por eso cuestiónalo. Procura no usar la pregunta "¿por qué?" pues suena a contraataque, mejor repite toda la frase que el agresor ha usado y exige mayor explicación. Por ejemplo:

—La música que oyes es terrible.

—¿Qué tiene mi música para ser terrible?

—Es desordenada y sin ritmo.

—Según tú, ¿qué hace a mi música ser desordenada y sin ritmo?

—¡Pues la falta de preparación de los intérpretes! ¿No te das cuenta? ¡Son unos simios!

—¿Qué te hace pensar que son unos simios?

—¡La manera en que visten y peinan!

—¿Qué te desagrada de la forma en que visten y peinan?

—¡Su ropa, no combina!

—¿Qué te hace parecer que su ropa no combina?

—Bueno, a mí me enfada.

—¿No crees que todo esto es sólo cuestión de gustos?

—Sí. ¡Y tú tienes muy mal gusto!

—¿Crees que tengo mal gusto porque nos agradan diferentes cosas?

—No lo tomes como algo personal. Sólo quería darte un consejo.

—Muy bien, ¿qué otro consejo musical te gustaría darme?

—¡Ninguno! ¡Tú ganas! ¡La música es cuestión de gustos!

Waldo Meneses sonrió.

—Para contestar así necesitas tener aceite en las venas.

—No, papá, sólo requieres de entrenamiento. La técnica se domina con práctica. Escucha este último ejemplo.

—No me gustó tu participación en el concurso de oratoria.

—¿Qué te desagradó de mi participación en el concurso de oratoria?

—Déjame pensar.... ¡ah, sí!, estabas nervioso.

—¿Qué te hizo pensar que estaba nervioso?

—Bueno... te trabaste al principio.

—¿Qué más viste mal?

—Hablaste un poco rápido.

—¿Qué más observaste?

—Tus movimientos no eran muy elegantes.

—¿Qué tenían mis movimientos que no te parecieron elegantes?

—Tú sabes. La forma de usar las manos.

—¿Cómo usé las manos?

—Con poca naturalidad. Oye... no creí que te interesara tan a fondo mi opinión.

—Pues me interesa. ¿Tienes otro comentario?

—Bueno, en realidad no lo hiciste tan mal.

Meneses asintió meditabundo.

La puerta de la estancia se abrió. Aparecieron dos oficiales armados.

—Puede pasar a la sala. El juez analizará su caso.

Beky caminó detrás de su padre.

—Disculpe, señorita —le dijo uno de los policías—, debe esperar aquí. Cuando la revisión de la sentencia termine, pasaremos de nuevo por este sitio.

Beky retrocedió y se quedó quieta.

Después de unos veinte minutos, se escucharon gritos y ruidos estridentes de sillas cayendo al suelo. Beky pegó el oído a la puerta. Oyó la voz descontrolada de su padre.

—¡Eso es injusto! ¡No lo voy a tolerar! Mis hijos están en la calle y yo aquí encerrado! Es injusto. ¡Juez miserable! ¡Bien se ve que usted no tiene corazón! ¡Se pudrirá en el infierno! ¿Me oye, maldito?

Los ruidos continuaron, pero la voz del señor Meneses no se escuchó más. Después de unos minutos, la puerta de la estancia se abrió. Los oficiales armados llevaban al prisionero a rastras. Había sido golpeado; un hilo de sangre le escurría por la boca.

—¡Dios mío, papá! ¿Qué hiciste?

El hombre miró a su hija de soslayo, como disculpándose con ella, y pasó de largo arrastrado por los gendarmes. Detrás de la escolta apareció Hermenegildo López. Beky se acercó a él con un gesto de terror.

—¿Qué pasó?

El comandante agachó la cabeza y respondió simplemente:

—Lo siento mucho...

Entonces Beky, en un impulso impensado, como los de su padre, salió del edificio y corrió por las calles llorando a mares.

REPASO DE CONCEPTOS

01. Cuando alguien te critique de manera frontal, no te molestes. Analiza primero cuáles son las intenciones de tu crítico. Si trata de darte un mensaje para tu bien, escúchalo y tómalo en cuenta. Si sólo trata de incomodarte, no lo tomes en serio.

02. En cualquiera de los casos anteriores, te será muy útil "darle cuerda" a tu agresor. Eso te permitirá detectar sus verdaderas intenciones y lo ayudará a él a ser objetivo.

03. Darle cuerda a alguien es hacerle preguntas sobre el mismo tema para obligarlo a ampliar su crítica.

04. Al "dar cuerda", procura no usar la pregunta "¿por qué?" pues suena a contraataque, mejor repite toda la frase que el agresor ha usado y exige mayor explicación.

ACTIVIDADES

01. Ponte de acuerdo con otro compañero. Pídele que te ataque usando frases de crítica; practica la técnica de dar cuerda.

02. Inviertan los papeles. Ahora tú atácalo y que él se defienda.

03. A partir de ahora, practica la técnica de dar cuerda cada vez que alguien trate de hacerte sentir mal con sus ofensas.

17
ENÓJATE
CONTIGO
MISMO

*O*win subió el tortuoso camino del barranco. Llegó a las calles de terracería y se detuvo frente a la puerta metálica del "expendio".

Ya no cojeaba. Prácticamente se había recuperado por completo. Los cuidados de Lorena y el movimiento lento pero continuo durante los últimos meses le habían ayudado como terapia y le habían restituido el daño de la rodilla.

Golpeó la puerta seis veces con rapidez. Luego hizo una pausa y volvió a golpear tres veces más.

—¿Quién es? —se escuchó una voz desde el interior.

—E... el Bizcocho.

—Ya voy, Bizcocho.

Un anciano jorobado y sin dientes abrió la puerta.

—Pásale. Disculpa el tiradero, pero acaba de llegar mercancía.

Owin caminó entre los paquetes de contrabando.

—Nunca me has dicho por qué te apodan el Bizcocho.

—Po... por blandito. Co.. como nunca protesto de nada...

El jorobado soltó una carcajada que sonó a rebuzno.

—¡Pues a mí me regateas los precios!

—U... usted e... es mi amigo. Nu... nunca me ha hecho daño.

—Entonces con los amigos protestas y con los enemigos te portas blando como bizcocho... ¡Bonita cosa!

Owin se ruborizó. Era un resumen bastante precario de su condición actual. Se había convertido en el administrador de la casa; llevaba por escrito el control de cada trabajo que la Tía le daba a los muchachos, aseaba la vivienda, iba al expendio, entregaba al anciano jorobado los billetes de lotería atrasados, pagaba los vendidos y se surtía, tanto de nuevos artículos de contrabando como de comida y licor para la Tía. Era ordenado en el manejo del dinero, y cuando la matriarca estaba sobria le entregaba cuentas con escrupulosa exactitud. Por otro lado, sus compañeros le pedían favores y él jamás se negaba.

—¿Por qué no sacas el coraje que tienes? ¡Eres un joven fuerte y listo! No deberías ser el criado de esa bruja...

—Tra... traigo una lista de... de cosas que necesito...

El jorobado insistió.

—No me cambies el tema. Hace poco vinieron dos trabajadoras sociales que ayudan a jóvenes desamparados. Las viste y no hablaste con ellas ¿Por qué? ¡Era tu oportunidad!

Owin apretó los dientes. Vivia con miedo y no quería arriesgarse a volver a ser castigado.

—Te ha ido muy mal últimamente, ¿verdad?

Owin tragó saliva y cerró varias veces los ojos para evitar que las traicioneras lágrimas aparecieran.

—A... a mí y a... a todos mis compañeros nos ha ido mal...

—Es lógico... La calle es el peor lugar para vivir —el anciano suspiró—. Déjame ver tu lista de pendientes.

Owin se la dio y ambos comenzaron a trabajar en silencio.

El comentario del jorobado era verdad. La calle menoscaba día a día a sus pobladores y les va enseñando mañas deshonrosas. Owin había sido testigo de la degradación paulatina de sus compañeros: Andrés cambió el cuchillo con el que solía hendirle los glúteos a sus asaltados por una pistola de bajo calibre, y Samperio dejó de ser el líder fuerte para convertirse en un drogadicto enclenque. Durante esos años, todos en la casa habían cambiado: Los niños se convirtieron en adolescentes, y los adolescentes en jóvenes. Llegaron algunos miembros nuevos y salieron otros; de los desertores corrían toda suerte de rumores... se decía que unos habían muerto, que otros habían sido detenidos por la policía durante algún atraco y que los más infortunados habían acabado en hospitales, después de sufrir el castigo de la pandilla por tratar de huir.

Owin había padecido en carne propia la tortura, aunque ni él ni Lorena consumaron el intento de fuga, sólo por planearlo fueron encerrados. Esa vez la Tía los dejó a cada uno en un cuarto cerca de los chiqueros durante cinco días, obligándolos a comer y a beber el mismo alimento de los animales. El único consuelo de los jóvenes fue que pudieron conversar entre ellos a través de la delgada pared hecha con palos secos y turnarse por las noches para dormir a ratos mientras el otro hacía ruidos tratando de alejar a las ratas. Al salir del aisla-

miento, ambos habían adelgazado y enfermado pues ninguno
se atrevió a comer completas las asquerosas raciones que les
fueron suministradas. Aunque la Tía los dejó regresar a sus
antiguos puestos, nunca más volvieron a planear una fuga.

Owin y el jorobado terminaron de surtir la lista e hicieron
cuentas; el muchacho pagó con muchas monedas y salió del
expendio cargando varias bolsas llenas de mercancía.

El sol había declinado y el atardecer era diáfano. Los "sobrinos" comenzaban a llegar. Algunos rebasaban a Owin por
el sendero, dándole palmadas en la cabeza y gritándole con
sarcasmo:

—Vamos, Bizcocho. ¡Ya casi llegas!

De pronto se encontró con un espectáculo aterrador. Apro-
vechando que la Tía dormía la borrachera, varios muchachos
habían sacado a Lorena de la casa y la conducían a jalones
hacia las torres de luz.

—¿Qué... qué ocurre?

—¡Va a haber "clavados"! —le dijo alguien que pasó a toda
prisa junto a él.

—¿Y... y por qué se llevan a Lorena?

Nadie le contestó.

Owin dejó las bolsas con mercancía en el suelo y corrió.
Amaba a Lorena. Compañeros de la misma desgracia durante
el encierro se dieron cuenta de que sólo se tenían uno al otro,
y ahora, para evitar represalias, eran novios en secreto.

Junto al camión desvencijado se había reunido un grupo de
jóvenes. Andrés, quien, gracias a su pistola, era el nuevo líder,
llevaba del brazo, casi a rastras, a Lorena.

—Tú decides, preciosa. O juegas a "la muñeca de trapo"
primero conmigo y después con todos los que quieran, o su-
bes a la torre y te avientas.

La muchacha se sacudía tratando de escapar.

—¡Déjenme en paz!

Owin caminó sintiendo que el corazón le latía a toda velocidad y la cabeza le estallaba. Jugar a "la muñeca de trapo" era fingirse flácida y sin vida durante varios minutos mientras los hombres la besaban y manoseaban. No podía permitir que le hicieran eso a su novia.

Con profundo pesar detectó que también las chicas presionaban a Lorena.

—¡Todas pasamos por lo mismo! Pórtate como muñeca de trapo unos minutos. Es lo más fácil. Ninguna nos hemos lanzado de la torre.

Andrés se puso frente a su víctima y preguntó:

—¿Qué decides?

Owin llegó.

—¡Ba... basta!

—¡Santa cachucha! —se burló—. ¡El Bizcocho tartamudo!

Lo agarraron entre dos y un tercero lo golpeó en el estómago.

—¿Vienes a defender a la cocinera? ¡De acuerdo! ¿Cómo ven, muchachos? ¿Perdonamos a Lorena el castigo, por hoy, si el Bizcocho se tira de la torre?

¡Sí! —gritaron a coro—, ¡que se tire!, ¡al fin que tiene una rodilla biónica!

Owin se recuperó del gancho que recibió y se levantó para mirar, en el paroxismo del terror, las alternativas. No podía permitir que esos bellacos le pusieran una mano encima a Lorena, ni que ella tuviera que arriesgarse... sólo quedaba una opción. Se sintió mareado. Imaginó que caminaba hacia la torre y trepaba por los largueros de metal, vislumbró la atracción electromagnética sobre su cuerpo y representó en su mente la vista aérea del camión esperándolo. Quiso dar un paso al frente pero sus piernas no se movieron.

—¡Mírenlo!

—¡Está temblando!

—¡Es un Bizcocho de gelatina!

En ese instante, varios muchachos le cayeron encima y comenzaron a golpearlo hasta postrarlo en el piso de nuevo.

—¡Olviden a este cobarde! ¡Déjanos besarte, muñeca!

Owin sintió cómo la furia se apoderaba de él, pero esta vez se trataba de una emoción distinta: ira para consigo mismo. Con la boca pegada al suelo se regañó a sí mismo. "¿Qué estás haciendo, condenado cretino? ¿Qué estás haciendo? ¡Reacciona! Mírate aquí, tirado en el suelo sin poder siquiera defender a la mujer que amas, ¡estúpido detestable! ¿De qué le sirvió a tu madre heredarte un cuaderno lleno de ideas positivas, si no has aplicado ninguna de ellas? ¡Debes hacer algo para romper las cadenas que te aprisionan!"

Owin, enfurecido, golpeó el puño contra el suelo una y otra vez y se incorporó a medias. Nadie le hacía caso ya. Los jóvenes habían avanzado hacia el camión-alberca.

136

Owin se puso de pie y caminó.

"¡Basta de apocamiento! —continuó reprendiéndose mentalmente—. ¿Me oyes? O comienzas a luchar por tus ideales o acabarás siendo un asqueroso frustrado. ¡Arráncate los apodos que te han puesto y sal de tu concha! ¡Ya basta de mediocridad! ¿Por qué continúas en este barrio, prisionero de tus miedos y esclavo de esos rufianes? ¡Estás aquí porque quieres! Eres quien has aceptado ser. No le eches la culpa a la mala suerte o al destino. ¡Rompe de una vez las cadenas!"

Su monólogo mental fue interrumpido por ovaciones y aplausos. Levantó la cara y miró.

Lorena estaba subiendo a la torre con movimientos lentos. De pronto, paralizada por el miedo, se detuvo.

—¡Un poco más! —le gritaban—, sube un poco más.

Reinició su ascenso.

Después de un rato llegó al peldaño que estaba marcado con pintura amarilla. Se giró y echó un vistazo hacia abajo.

Un fuerte viento de las alturas le hizo volar el pelo y la electricidad aprovechó para adueñarse de algunos cabellos.

—¡Tírate! ¡Hazlo ya!

Owin gritó con todas sus fuerzas.

—¡Lorena, no lo hagas. Bájate de ahí!

—Cállate, Bizcocho.

—No me llamo así, y déjenla en paz, ¿me oyeron?, ¡déjenla en paz!

Por primera vez en su vida Owin, no tartamudeó al hablar. Sus compañeros detectaron eso y quedaron en suspenso por la determinación y coraje que observaron en su cara, pero al instante los gritos y aclamaciones les hicieron volver la vista de nuevo a la peligrosa escena que se estaba llevando a cabo. Lorena se había soltado de la torre y venía cayendo en el aire a toda velocidad.

REPASO DE CONCEPTOS

01. Quien ha cometido demasiados errores, queda encadenado a un ciclo de baja autoestima y más caídas; para salir de él, debe hacer un esfuerzo sobrehumano por romper las cadenas.

02. Enfadarse consigo mismo es como darse unas bofetadas mentales para reaccionar.

03. Si has tenido una mala racha por tus actuaciones erróneas date un fuerte regaño a solas. Háblate claro a ti mismo de una vez y ponte nuevas reglas sin miramientos. Hazlo con verdadera pasión para que funcione.

04. Cuando se ha tocado fondo sólo se puede ir hacia arriba.

05. ¡Vales mucho! ¡Tu vida tiene sentido! ¡No te abandones a la derrota y actúa como debes! Sólo tú eres dueño de tus decisiones, responsable de lo que haces o dejas de hacer. Eres quien has aceptado ser. No le eches la culpa a la mala suerte o al destino. ¡Tú puedes cambiar las cosas!

ACTIVIDADES

01. ¿En alguna área de tu vida has sentido que cometes un error tras otro? No lo permitas. Sal a caminar a solas y date un fuerte regaño. Sé duro y claro. Haz que esto se convierta en un nuevo inicio de tu existencia.

02. ¿Le has echado la culpa a la mala suerte o al destino por algo? Escríbete una carta en la que te regañes a ti mismo por eso. Recuerda que eres quien has aceptado ser y puedes cambiar las cosas.

18
TÉCNICA DEL "PUNTO FINAL"

$\mathcal{B}$eky miró al cielo, asustada. Se aproximaba una tormenta gigantesca. Caminó por la acera percibiendo cómo el aire la empujaba en sentido contrario. Se refugió en la caseta de un teléfono público.

Años atrás, mientras se adaptaba al albergue, llamó a su maestra casi a diario y ella siempre contestó. Un día, Beky se dio cuenta que las respuestas a sus problemas estaban dentro de ella misma y dejó de telefonear. Se preguntó si aún podría hacer contacto con su profesora. Hurgó en su bolsillo y halló unas monedas. Descolgó el auricular. Marcó el número que se sabía de memoria. Una voz femenina le contestó.

—¿Bueno?

—¿Maestra?

—¡Hola, Beky! ¡Me da mucho gusto oírte! ¿Cómo te ha ido?

—¡Usted lo sabe todo! ¿Qué le han dicho sus sueños?

—Pareces alterada...

—Por supuesto. ¡Estoy alterada! ¡Hace unos días revisaron la sentencia de mi padre, y el juez le negó la reducción! ¡A todos los presos les perdonaron parte de su condena menos a él! ¡Eso es injusto! Me siento impotente y sola. He perdido la esperanza de hallar a Owin y ya no sé cómo ayudar a mi papá.

El viento arreció y se escucharon fuertes fragores provocados por el chisporroteo de un transformador cercano. Beky se agachó por instinto.

—¿Qué fue ese ruido? —preguntó la maestra.

—La ciudad se ha obscurecido y el aire sopla como nunca. Creo que va a haber un ciclón.

—¡No es un ciclón, Beky! ¿Desde cuándo no oyes las noticias? ¡Se avecina un huracán con rachas de vientos de más de cien kilómetros por hora! Arremeterá contra la costa situada a cinco minutos de donde tú te encuentras. Debes refugiarte.

—¡Ahora entiendo! En las calles la gente corre como enloquecida. Ya me voy, pero dígame, maestra, ¿qué puedo hacer? ¿Debo sentarme a esperar que mi padre salga de la cárcel dentro de cinco años y mi hermano sea encontrado muerto en algún despeñadero?

Se oyó el ronco y prolongado rugir de un fuerte relámpago.

—Antes que nada, protégete del huracán. Luego recuerda todos los conceptos que has aprendido y úsalos para convencer a un abogado que ayude a tu papá. Él puede salir antes si es defendido por un licenciado eficaz.

—¡Lógico! —dijo Beky con enfado—. Hasta ahora sólo lo han ayudado inexpertos practicantes gratuitos. ¿Pero de dónde voy a sacar dinero para pagar un buen abogado? ¿Usted me prestará?

—Te daré el nombre y la dirección de uno de los juristas más competentes de la ciudad en la que estás. Visítalo. Él lleva algunos juicios para personas necesitadas. Puede encargarse de tu caso si lo convences.

—¿Le digo que voy de parte de usted?

—No es mi amigo... ni siquiera me conoce, pero ve a verlo y sé perseverante. La vida no es una carrera de velocidad, sino de resistencia. Los logros son siempre de los más tercos... ¿Tienes dónde anotar?

Beky contaba con pluma pero no con hojas. Rayó sobre la palma de su mano izquierda.

—Adelante.

Una tenue lluvia comenzó a caer. La chica escribió los datos del abogado, le dio las gracias a su maestra y colgó.

Otro relámpago profundo y lento hizo retumbar las calles. Un viento fantasmal comenzó a danzar en círculos elevando por encima de los edificios toda suerte de basura. La chica miró lo escrito sobre su piel; la tinta se estaba corriendo por el agua de la lluvia. Memorizó los datos y, motivada por una repentina oleada de coraje, caminó decidida hasta la parada de autobuses. Iría, de una vez por todas, a visitar a ese abogado. La maestra le había dicho que recordara los preceptos aprendidos, y uno de ellos era que cada problema debe enfrentarse de inmediato.

Llegó al edificio indicado y subió por las escaleras. Los despachos de la firma estaban en un caos: Las secretarias corrían de un lado a otro con cajas de expedientes para guardarlos en una bodega hermética, el vigilante del piso, en vez de supervisar la entrada de visitantes, cruzaba los ventanales con gruesas cintas adhesivas para evitar que las fuertes ráfagas de viento los hicieran añicos, y los licenciados se despedían a toda prisa para salir del edificio cargando documentos personales.

Beky estaba empapada. Se internó en la recepción sin darse cuenta que dejaba tras de ella un charco alargado sobre el piso de madera.

—Quiero ver al licenciado Terrazas —dijo a una de las empleadas que iba y venía con expedientes.

—¡Las oficinas están cerradas!

Beky, extrañada, observó el ajetreo. Parecía la evacuación de un barco que se hundía. ¿Por qué tanta prisa?, pensó. ¡Estamos en una ciudad! No hay viento capaz de tirar estos edificios.

—Por favor —insistió Beky al ver pasar de nuevo a quien parecía la recepcionista—, necesito ver al licenciado Terrazas.

—¿Para qué? —preguntó la mujer con expresión de histerismo.

—Vengo a informarle de un caso urgente. No tardaré mucho.

—Su despacho está subiendo esas escaleras, pero...

—Gracias —interrumpió Beky—, muchas gracias. Qué tormenta tan fuerte, ¿no le parece?

—No es una tormenta. Es un huracán. Dios nos ampare.

Beky caminó por el pasillo satisfecha de haber podido usar una de las técnicas más sencillas y útiles de la comunicación afirmativa: "el punto final". Se la habían enseñado en la escuela y ella había memorizado algunos de los fundamentos.

Una vez que la persona con quien negocíes ceda un poco, usa la técnica del punto final: Acepta la oferta de inmediato agradeciéndole con firmeza y pasa a otro tema menos delicado.

El éxito de la técnica depende de la rapidez que tengas para captar el primer indicio de duda o ventaja, adueñándote de ella con un "gracias", "está bien", "perfecto" o "en eso quedamos", para después hablar de algo distinto o simplemente despedirte.

Frente a un vendedor hostigoso, por ejemplo, nada es mejor que esta técnica. Puedes interrumpirlo con: "No me interesa, gracias de todas maneras; que tenga buen día". Tanto la contundencia de tu voz, como el cambio de tema —deseándole buen día—, harán al vendedor desistir.

Aprende a poner *puntos finales* en las discusiones cuando así te convenga, usando un tono de voz decidido y pasando tranquilamente a tópicos diferentes.

Llegó a las escaleras interiores que conducían al despacho del licenciado Terrazas; junto a ellas había un elevador privado abierto de par en par. Sin pensarlo mucho, se metió a él y oprimió el único botón. La puerta se cerró. De pronto hubo un estremecimiento, las luces se apagaron y el ascensor se detuvo. Beky quedó petrificada. La planta de luz del edificio intentó entrar en acción, pero el voltaje que inyectó fue demasiado bajo y sólo produjo un leve zumbido al motor del ascensor sin alcanzar a moverlo. En el vestíbulo principal, los focos se encendieron a medias como tétricas velitas.

—¡Auxilio! —gritó Beky—. ¡Me quedé atrapada!

Nadie respondió a su llamado, quizá porque nadie la vio subir al elevador, o porque su voz de alarma fue apagada por el ruido del aguacero que caía como una lluvia de grava.

—¡Auxilio! —volvió a gritar—. ¡Ayúdenme a salir!

No hubo contestación. Afuera todos estaban demasiado ocupados en la evacuación del edificio.

—¿Qué hago aquí? —expresó—, ¿cómo se me pudo ocurrir meterme a una caja eléctrica en medio de esta tempestad?

La corriente se reestableció de forma intermitente cortándose cada dos segundos. El elevador empezó a subir a sacudidas.

—¡Sigue, sigue, no te detengas! —murmuraba Beky sintiendo cómo las gotas de sudor le corrían por la frente.

El ascensor llegó al siguiente nivel, pero cuando iba a comenzar a abrirse, la luz se apagó de nuevo, esta vez de manera definitiva. La planta eléctrica ni siquiera intentó arrancar. Sólo se escuchaba el fragor del huracán.

REPASO DE CONCEPTOS

01. Algunos diálogos pueden alargarse porque las personas están en el filo de aceptar o no determinadas condiciones. La técnica del "punto final" consiste en tomar ventaja con rapidez y pasar a otro tema.

Por ejemplo:

— ¿Les daré el día libre? No estoy seguro.

— Hazlo. Adelantaremos nuestro trabajo después.

— ¿Pero será lo correcto?

— Lo es. Muchas gracias. Ahora sólo aclárame esto: el reporte que necesitas debe ser empastado o engrapado?

Otro ejemplo:

—Espero que me acompañes a la fiesta.

—No puedo, lo siento. Será en otra ocasión. Oye, ¿cuál es el número telefónico de Luis? Lo necesito porque...

02. Aprende a poner "puntos finales" en las discusiones usando un tono de voz decidido y pasando tranquilamente a tópicos diferentes.

145

ACTIVIDADES

01. Ponte de acuerdo con otro compañero. Dile que te pida algo. Contéstale de manera negativa usando la técnica del "punto final".

02. Inviertan los papeles. Ahora tú solicítale algo y que él te responda.

03. A partir de ahora, practica la técnica del "punto final" cada vez que así te convenga en las negociaciones.

COMPRENDO, PERO NECESITO SU AYUDA...

COMPRENDO, PERO NECESITO SU AYUDA...

COMPRENDO, PERO NECESITO SU AYUDA...

COMPRENDO, PERO NECESITO SU AYUDA...

COMPRENDO, PERO NECESITO SU AYUDA...

COMPRENDO, PERO NECESITO SU AYUDA...

COMPRENDO, PERO NECESITO SU AYUDA...

COMPRENDO, PERO NECESITO SU AYUDA

COMPRENDO, PERO NECESITO SU AYUDA...

19

TÉCNICA DE "TRAGARSE UNA GRABADORA"

$\mathcal{B}$eky introdujo los dedos en la hendidura central de las puertas corredizas y jaló con todas sus fuerzas. El resquicio se abrió apenas treinta centímetros. Insertó su cuerpo de perfil, moviéndose con dificultad y guardando la respiración logró salir de la trampa.

Eran alrededor de las cuatro de la tarde, pero la luz mortecina exterior aparentaba provenir de una tarde a punto de sucumbir en la oscuridad nocturna y daba al edificio un aspecto tenebroso.

Frente a Beky estaba la puerta del abogado que buscabá. Tocó con los nudillos. Nadie respondió. Abrió muy despacio. Un hombre calvo, parado en una silla inestable, ponía cinta adhesiva en los cristales.

—Licenciado Terrazas —dijo la chica—. ¿Puedo ayudarlo?

—Sí —respondió sin voltear a verla—. Detenga este asiento. Las ruedas no dejan de moverse.

Beky se comidió de inmediato. El hombre terminó de proteger la ventana y siguió con otra. Beky continuó auxiliándolo durante largo rato. Mientras tanto, él se quejaba:

—¡Otras veces suspendimos el trabajo por temor a temporales que nunca llegaron, y ahora que no lo hicimos, el huracán nos pilló desprevenidos!

Acabaron la tarea y el abogado se volvió para reconocerla.

—¿Hace mucho que trabaja en esta firma, señorita? Nunca la había visto. ¿Por qué está mojada?

Beky dio unos pasos hacia atrás y respiró con nerviosismo.

—Me empapé con la lluvia porque... vengo de la calle y, bueno, en realidad no trabajo aquí.

—¿Ah, sí? ¿Y puede tener la cortesía de explicarme cómo llegó a mi oficina?

Beky permaneció callada recordando los preceptos de su curso de comunicación afirmativa.

Una vez planteado lo que deseas, no discutas. Repite una y otra vez tu petición, sin prisa, recordando que no debes entrar en polémicas ni es necesario dar razones o explicaciones. Insiste en tu deseo, aunque tus frases no contesten lo que el otro pregunte, tal como si te hubieses tragado una grabadora.

El problema era que ella no había planteado su deseo aún. Lo hizo levantando la voz, pero procurando no sonar autoritaria.

Cuando terminó de explicar la situación de su familia, guardó silencio. El abogado se mostró enfadado y le habló de tú.

—¿Cómo te atreves a aprovecharte de esta tempestad para entrar aquí a pedirme que defienda *gratuitamente* a tu padre?

—Esta tempestad no es nada comparada con la que ha azotado mi vida y la de mi familia desde hace varios años. ¡Necesito su ayuda!

—¿Eres poeta? —se burló—, lo siento, jovencita. No es momento para discutir algo así. Vuelve después.

> La persona a quien le pides algo con suficiente obstinación, tarde o temprano cederá. Evita alterarte o discutir. Usa una de las armas más poderosas en la comunicación afirmativa: Insistencia y serenidad.

—Comprendo que piense usted así —respondió Beky—, ¡pero necesito que nos ayude, a mí y a mi padre!

—No puedo comprometerme. Vuelve dentro de un mes.

—¡Dentro de un mes será demasiado tarde! Sé que usted puede ayudarnos si lo desea. Atienda nuestro asunto, por favor.

—¡No lo haré! Y menos gratuitamente. He patrocinado a varias personas este año. Debo trabajar por dinero o la firma quebrará.

—Comprendo, pero necesitamos ayuda.

—Búscala en otro lado.

—Necesitamos *su* ayuda.

—¡Tenemos que salir de este edificio pronto o el huracán nos dejará encerrados!

—Sí, licenciado. Tiene razón, pero no me voy a ir sin que usted acepte ayudarnos.

—¡No tengo ninguna obligación de ayudarlos, déjame en paz y vámonos pronto!

—Comprendo que piense así y tiene razón, pero mi padre y yo necesitamos ayuda, y usted puede dárnosla.

—¡Puedo, mas no quiero! ¡Nadie puede obligarme a nada!

—Definitivamente. Nadie puede obligarlo. Yo sólo le pido, le suplico, con el corazón en la mano que nos ayude.

—¡Vaya que eres insistente! ¿Cómo diste conmigo? ¿Quién te dijo que yo podía trabajar gratis para ti?

—Comprendo que esté molesto, pero necesitamos ayuda.

—No contestaste mi pregunta, ¿cómo llegaste hasta aquí?

—Digamos que me envió mi ángel de la guarda. Es alguien a quien usted no conoce... Necesitamos ayuda. ¿Nos la dará?

—Hay muchos abogados. ¡Dile a tu ángel de la guarda que te recomiende otro!

—Usted es el más competente. No hay otro. Y como bien dijo, *puede* ayudarnos, todo depende de que *quiera*. ¿Lo hará?

—No, niña. Y estoy empezando a exasperarme. Si pretendes quedarte aquí es asunto tuyo. Cerraré las oficinas y me iré.

El abogado se aproximó a la puerta.

Cuando apliques la técnica de "tragarte una grabadora", ten el valor para aguantar gritos y amenazas *sin moverte del mismo lugar*. Puede ser que la persona a quien solicitas algo quiera huir o trate de obligarte a que te vayas. No lo hagas, a menos que peligre tu integridad física. De ser posible, exígele que llame a un superior y continúa serenamente usando la técnica.

Beky miró a los lados. Ni peligraba su integridad física, ni podía pedirle al abogado que llamara a su jefe, así que permaneció impasible.

—¿Te vas o te quedas?

—Comprendo, pero no me moveré hasta que acepte ayudarnos.

—¿Qué te pasa? ¿Cómo puedes estar tan tranquila? ¡Entiéndelo! No me vas a convencer así.

—Comprendo, pero necesito que nos ayude.

La lluvia pareció atenuarse y a cambio aumentó la intensidad del viento que se filtraba por las rendijas provocando un fortísimo ulular.

—Aquí te quedas, niña.

Beky permaneció de pie en medio del despacho, dispuesta a no moverse ni un solo milímetro. Cuando vio que el licenciado Terrazas salía, estuvo a punto de soltarse a llorar, pero se controló repitiendo en voz baja: *insistencia con serenidad, insistencia con serenidad, insistencia con serenidad...*

El abogado quiso cerrar la puerta y buscó en su chaqueta las llaves. No las traía.

—Maldición —murmuró—. Esto no puede ser.

Subió corriendo de nuevo los escalones. Desde que fumaba puros, su condición física se había mermado en grado superlativo. Llegó sofocado.

—Vámonos, niña. No seas necia.

—Comprendo, pero necesito que nos ayude.

—Esto es increíble... —buscó las llaves en sus cajones. Ahí estaban. Se dio la vuelta para salir otra vez.

—Te voy a dejar aquí. ¡Hablo en serio!

—¿Cómo se le dice al delito de encerrar a una persona contra su voluntad? Perdone, licenciado, pero necesito que nos ayude.

—¡Dios mío! Esto es una locura.

—Ayúdenos, por favor...

El licenciado Terrazas movió la cabeza negativamente. Dio la vuelta y se dirigió a las escaleras otra vez. El viento cimbraba los enormes cristales del inmueble y la lluvia torrencial se azotaba con furia impresionante.

Beky y el abogado eran las únicas personas que quedaban en el edificio. Miraron a través de la ventana. Los cables de luz se mecían de un lado a otro chocando entre sí y sacando chispas.

La estructura metálica de un enorme anuncio espectacular sobre el edificio de enfrente se dobló de repente como si fuera de papel y quedó colgando en el aire unos segundos antes de desprenderse y dejar que el gran letrero de lámina cayera. Se escuchó el estrépito de la mole chocando en la calle con los coches estacionados.

El licenciado caminó al conmutador y trató de marcar. Fue inútil. No había línea. Sacó su teléfono celular y pulsó los números.

—¿Laura? ¿Te encuentras bien? Aléjate de las puertas y ventanas. Yo estoy bien. Aquí. Todavía en mis oficinas. No pude salir a tiempo. Me entretuve. ¿Bueno? ¿Hola? ¿Me escuchas? ¡Maldición, se cortó! —volteó a ver a Beky—. ¿Ves lo que hiciste, jovencita? ¡Si no fuera por tu culpa, estaría en este momento con mi esposa y con mis hijos!

Beky agachó la cabeza contristada. A ella le daba igual en dónde guarecerse de un huracán. No tenía familia con la cual reunirse... El abogado captó el mensaje y suspiró resignado.

—Bien —dijo despacio—, debemos estar aquí por lo menos un par de horas mientras pasa la crisis más grave. Así que, cuéntame otra vez. ¿Cuál es el problema de tu padre?

—¿Va a ayudarnos?

—Haré lo que pueda.

Beky saltó de alegría y, como ya no se sintió obligada a mantener ni la persistencia ni la serenidad, dejó que las lágrimas salieran de sus ojos y le bañaran el rostro; entonces murmuró:

—¡Gracias! ¡Gracias! ¡No sabe cuánto significa esto para mí! ¡No tiene idea!

Un relámpago cayó a escasos metros del lugar y el ruido fue tan fuerte que literalmente produjo un temblor. La lluvia recuperó sonoridad y el viento sopló al grado que hizo oscilar el edificio. Beky se apoyó en la pared y el abogado se sentó en su sillón ejecutivo con los ojos muy abiertos. De pronto, el estruendo de un cristal de la recepción estallando en mil pedazos los ensordeció. Acto seguido, ráfagas de lluvia y aire penetraron al recinto. Beky y el abogado salieron de la oficina y bajaron las escaleras para asomarse a la estancia principal. No pudieron creer lo que veían.

El tronco de un árbol había entrado por una de las ventanas y estaba atravesado en medio de los escritorios. Montañas de agua se pulverizaban al penetrar en el edificio y bañaban cada esquina con la furia ciclópea de un diluvio fuera de control.

—¡Dios mío! —dijo Beky—. ¿Qué vamos a hacer?

REPASO DE CONCEPTOS

01. En ocasiones, la única forma de hacer que alguien acceda a una petición es con insistencia.

02. Plantea lo que deseas o necesitas y repítelo una y otra vez, sin prisa, recordando que no debes entrar en polémicas ni es necesario dar razones o explicaciones.

03. La persona a quien le pides algo con suficiente obstinación, tarde o temprano cederá. Evita alterarte o discutir.

04. Cuando apliques la técnica de "tragarte una grabadora", ten el valor para aguantar gritos y amenazas sin moverte del mismo lugar. Puede ser que la persona a quien solicitas algo quiera huir o trate de obligarte a que te vayas. No lo hagas, a menos que peligre tu integridad física.

ACTIVIDADES

01. Ponte de acuerdo con otro compañero. Pídele algo usando la técnica de "tragarse una grabadora". Vean quién puede ser más insistente.

02. Inviertan los papeles. Ahora que tu compañero te solicite algo usando la técnica, y tú niégaselo.

03. A partir de ahora, practica la técnica de "tragarse una grabadora" cada vez que solicites algo que no quieran darte.

20 PROTEGIDOS O DESAMPARADOS

—¿Qué hacemos? ¡Un árbol se metió por la ventana!

—¡Pronto! ¡Ayúdenme a rescatar estos paquetes!

La Tía se movía intentando salvar de la inundación sus objetos de valor.

Owin recordó que, años atrás, observó con asombro que la casa estaba construida debajo de los cables de alta tensión y sobre el cauce de un río seco; ahora, ambas condiciones se erigían para cobrar, de una sola vez, todos los meses de renta a los pobladores de la ilícita vivienda: Se había vuelto a formar el río. Un caudal de agua café de unos cincuenta centímetros de profundidad y diez metros de ancho atravesaba por el fondo de la cañada, topaba con la casa haciendo dos olas que se abrían para rodearla a toda velocidad y crear de nuevo el afluente rectilíneo. Sobre ese escenario, los cables de alta tensión bailaban de un lado a otro amenazando con caerse en medio del caudal.

Por la resurrección del río y por la pendiente del terreno, la cañada se había convertido en un sumidero de llantas, trozos de metal, cartones y ramas. El viento provocaba una impresionante lluvia de basura.

La Tía daba instrucciones a los jóvenes:

—Dense prisa, ¡idiotas! Llévense estas cosas allá arriba. Métanlas al expendio del anciano jorobado.

Sobre el armario había puesto aparatos eléctricos y bolsas de contrabando. Repartía los paquetes a los muchachos y éstos salían de la casa llevando cargamento, hundidos hasta la cintura y luchando contra la corriente. Pero la faena tenía muy poco éxito, la mayoría de los voluntarios tropezaban y caían soltando los bultos en el río que se encargaba de revolcarlos y hacerlos desaparecer.

—¡Imbéciles! ¿Qué hacen? —se escuchaban los gritos de la Tía—, ¡van a acabar con todo! ¡Grandísimos animales! ¡Tengan cuidado!

El camión de los clavados se había ladeado y su contenido volatilizado por las repentinas ráfagas que entraban de manera circular.

Owin se comidió a cargar la televisión personal de la matrona para tratar de ponerla a salvo. Se la echó al hombro y salió por la puerta deteniéndose con una mano en la pared. Como había visto a sus compañeros caer arrastrados por el torrente, para evitar sufrir la misma suerte, caminó despacio asegurándose de afianzar muy bien cada paso. La lluvia empapó el televisor, pero Owin aguantó el embate del río que ahora le sobrepasaba la cintura. Comenzó a escalar con todo cuidado los senderos del barranco. Después de enfrentar cara a cara el viento de la loma, llegó a la bodega del anciano jorobado. No tuvo que tocar. Estaba abierta. Adentro se habían refugiado varios de sus compañeros. Andrés, Samperio, Lorena, Hugo y cinco muchachos más... Todos estaban sentados en el suelo, asustados e inmóviles. Owin bajó la televisión y se acomodó junto a Lorena. Se aproximó a su mejilla y le dijo:

—Voy abajo. La Tía está sola. Necesita ayuda.

Ella lo tomó de la mano y lo obligó a detenerse para decirle al oído:

¡No vayas! A tres kilómetros de aquí hay una enorme presa; podría desbordarse o reventarse en cualquier momento y caería una montaña de agua sobre la cañada. ¡Se llevaría la casa como si fuera de papel! Quédate aquí, conmigo.

Owin quiso responder algo, pero el ruido impresionante del aire y de la lluvia le impidieron comunicarse.

El jorobado caminaba de un lado a otro hablando consigo mismo. Sus frases eran sueltas e inconexas. Aunque no se escuchaban, eran fáciles de leer en sus labios:

—¡Este es el fin del mundo! ¡Todos moriremos! La bodega se vendrá abajo en cualquier momento. ¡Es la ira de Dios! ¡Nos merecemos esto!

Owin agachó la cabeza. Unos días atrás Lorena había sido forzada por la pandilla a arrojarse desde la torre para evitar el castigo alternativo de jugar a la "muñeca de trapo". Sufrió un fuerte golpe en la espalda al caer al fondo de la caja precariamente acojinada, y tardó varios minutos en recuperar el aliento. Owin vio la escena con profunda indignación y, como si hubiese recibido una descarga eléctrica, despertó de su letargo para proponerse a toda costa salir de ese lugar llevándose a su chica. Recuperó el cuaderno de su madre, volvió a leerlo para llenarse de energía y comenzó a planear su huida con absoluta resolución, ¡pero todos los planes habían sido alterados por el meteoro!

Owin volvió a mirar al jorobado y se concentró en captar las frases que gritaba.

—¡Aquí estamos sólo los perdedores! ¡Caímos y no nos levantaremos! ¡Somos amigos del diablo! ¡Por eso nos va siempre mal! ¡Dios nos ha desprotegido! Todos vamos a morir.

Owin sentía que su corazón latía a toda prisa. En los últimos días se había preguntado de forma insistente por qué había tanta gente desamparada y miserable. Los apuntes de su mamá le dieron una respuesta interesante y ahora el jorobado, de manera indirecta, le estaba diciendo lo mismo. Recordó las palabras de la libreta:

Las AUTORIDADES deben dirigir, pero también proteger; por ejemplo: el gobierno protege a las instituciones[1], las instituciones a las familias, y los padres a sus hijos.

Mi esposo y yo somos AUTORIDADES para Beky y Owin. Si fallamos, ellos quedarán desamparados.

Últimamente no me he sentido bien de salud y he visto muy alterado a Waldo. Temo que mis hijos sufran por nuestros errores. Muchas AUTORIDADES fallan, y miles de personas inocentes padecen por eso.

¡Cómo quisiera decirle a mis hijos que tengan cuidado! Pase lo que pase, no deben buscar venganza, mancharse las manos, corromperse, o dañar a otros. Si su padre y yo les fallamos, deben ponerse bajo el paraguas de las altas esferas.

---

[1] Policíacas, educativas, económicas, de ayuda social, del medio ambiente, etc.

Carlos Cuauhtémoc Sánchez

La maldad abunda en el mundo y ataca sin piedad a los des-
protegidos... Es como una lluvia ácida que les va empapando
y carcomiendo el alma, sobre todo cuando quedan expuestos
a ella, al holgazanear, tomar alcohol o drogas, robar, mentir y
maldecir.

He aprendido que ángeles del bien trabajan día y noche para
auxiliarnos de forma invisible, pero cierta. Vale la pena apro-
vecharlos. ¿Cómo? Siendo honestos, diciendo la verdad, man-
teniéndonos lejos de los vicios, trabajando con empeño por
lograr nuestras metas, brindando amor y haciendo el bien.

Quienes se ponen bajo el amparo de Dios, son testigos de cosas extraordinarias en su vida. Espero que mis hijos lo hagan...

—Debo ir abajo —le dijo Owin a Lorena.
—No —suplicó la chica—, ¡por favor...! ¡La represa...!
Owin se puso de pie sin acabar de escuchar el aviso que ya
conocía y gritó hasta desgañitarse. Como le ocurrió frente a la
torre cuando quiso defender a Lorena, esta vez tampoco tartamudeó:
—¿Quién me acompaña? ¡Necesito voluntarios que sepan
nadar bien! Allá abajo está la Tía y quizá otros compañeros.
No podemos dejarlos solos. Tenemos que sacarlos de ahí.
Un fuerte relámpago hizo retumbar la bodega y el meteoro
arreció.
—¡Vamos! ¿Quién va conmigo?
No hubo respuesta. Los "gallos" que se daban valor unos
a otros para arrojarse de la torre se comportaban como polli-
tos mojados y temblorosos cuando de verdad se exigía tener
valor.
Owin dio la vuelta decepcionado y salió. Alguien lo alcanzó. Hugo... No era el mejor colega para realizar el salvamen-

to. La droga lo había mermado al grado de debilitarlo, enflaquecerlo y volverlo lento de reflejos, sin embargo, Owin lo dejó ir con él.

Comenzaron a descender la cañada. El río no parecía haber aumentado de caudal pues corría con toda libertad hacia una desembocadura desconocida. Owin y Hugo llegaron a la casa. Adentro quedaba solo la obesa mujer que se había amarrado al cuerpo varios sacos de monedas.

—¡Vamos afuera! —le dijo Owin.

—¡Quieren robar mis ahorros!

—¡No! Tratamos de ayudarla. Sacarla de aquí, mujer, no sea necia.

Owin se había convertido en un joven alto y fuerte. Le habló a la señora con autoridad por primera vez y ella se sorprendió. Había perdido el control de las cosas.

—Sé nadar, pero soy muy torpe.

—El río tiene como un metro de profundidad —le informó el joven—. A... aún podemos caminar. ¡Vamos!

Salieron. Un cable de alta tensión serpenteaba en el agua colgando de lo alto de la torre. Lo vieron aterrorizados.

—Si... si tuviera corriente, ya estaríamos electrocutados. ¡Vamos!

Se hizo como de noche. Las ráfagas del viento entraron en espiral. Todo lo que habían visto anteriormente era un juego de niños comparado con el pavoroso fenómeno que observaron frente a ellos. Quedaron petrificados: Una mole impresionante de agua se aproximaba a toda velocidad.

La represa se había roto.

REPASO DE CONCEPTOS

01. En gran medida, eres responsable del rumbo que toma tu vida. Mientras más fuerte sea tu personalidad, más fácilmente lograrás evitar el mal que te rodea y propiciar el bien.

02. Cuando alguien agrega a sus problemas las consecuencias de holgazanear, tomar alcohol o drogas, vengarse, robar, mentir y maldecir, se pone bajo una lluvia ácida que lo corrompe y degrada.

03. Si buscas ponerte bajo el paraguas de Dios, muchos de los acontecimientos que parecen malos se convertirán, a la larga, en lecciones de vida que te darán madurez y fortaleza.

04. Aunque te hayan ofendido, sé honesto, di la verdad, mantente lejos de los vicios, trabaja con empeño por lograr tus metas, brinda amor y haz el bien. Eso te coloca bajo el amparo espiritual y, estando ahí, serás testigo de cosas extraordinarias en tu vida.

PREGUNTAS PARA REFLEXIONAR

01. ¿Alguna vez has sentido la presencia del mal cerca de tu vida? ¿Cuándo?

02. ¿Crees que las personas podemos ser libradas de esa maldad por una protección espiritual? ¿Cómo?

03. Ante los problemas, muchas personas desesperadas, propician con sus actos más calamidades. ¿Sabes de algún caso así? Relátalo.

04. ¿Qué puedes hacer, de manera concreta, para salirte de la lluvia ácida del mal y ponerte bajo el resguardo de las altas esferas?

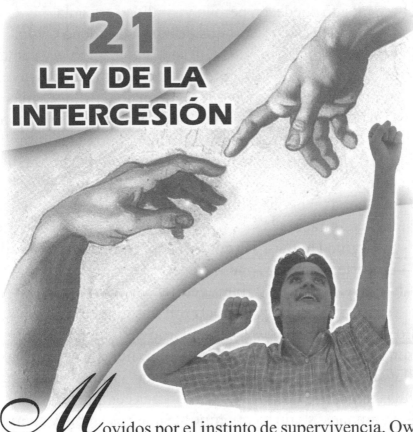

21
LEY DE LA INTERCESIÓN

*M*ovidos por el instinto de supervivencia, Owin y Hugo entraron de nuevo a la construcción jalando a la mujer. Apenas lograron refugiarse detrás de la pared sintieron la embestida. Una montaña de agua, cayó sobre la casa. Todas las ventanas se rompieron convirtiéndose en compuertas por las que entraron a propulsión chorros de líquido café. El interior de la vivienda comenzó a inundarse rápidamente formando un remolino al centro. Empujada por la corriente circular, la Tía perdió el equilibrio y cayó. Comenzó a gritar y a pedir auxilio. Owin fue derribado también; nadó hacia las tablas de un armario roto. Alcanzó la más grande y braceó hasta la mujer, ella se agarró de inmediato y ordenó:

—¡Busquen mis monedas! ¡Se cayeron!

Hugo intentó obedecer, pero la visibilidad era nula.

—O... olviden eso. ¡Vámonos de aquí! —ordenó Owin.

Por todos los huecos seguía entrando agua; puertas y ventanas se iban achicando y desaparecían quedando abajo del nivel.

Owin miró hacia el techo que se acercaba cada vez más a ellos. En pocos segundos, el interior de la casa quedaría inundado por completo. Era imposible luchar contra el colosal líquido; si no hallaban rápido una salida se ahogarían irremediablemente.

—¡Vamos a tener que zambullirnos! —indicó—. ¿Pueden guardar la respiración?

—Sí —gritó Hugo—. ¡Pronto! ¡No me quiero morir aquí!

—U... usted, señora, ¿puede hacerlo?

Ahora fue ella la que tartamudeó.

—No... no lo...creo. ¿Recuperaron mis monedas?

Los chicos, sin contestarle, actuaron de inmediato. Arrastraron la improvisada balsa sobre la superficie turbulenta hasta llegar al sitio sobre el que debía estar la puerta. El agua seguía entrando. Quedaban escasos treinta centímetros de aire.

—¡Vámonos, ya no hay tiempo! ¡Suelte esa tabla y agárrese de mi mano! ¡Tenemos que nadar!

La Tía se aferró al madero, indispuesta a obedecer.

—¿Qué pasa con usted? ¿Quiere morir aquí? ¡Haga un esfuerzo! Aguante la respiración y nade.

—¿Para qué? —gritó enfurecida—. Perdí mis monedas y mi casa. Los muchachos ya no van a querer trabajar conmigo. ¡Se van a desquitar de todo lo que les he hecho! ¡Me matarán a palos! Es mejor quedarme aquí.

El nivel de agua seguía subiendo. Tuvieron que ladear la cabeza para pegar la nariz al techo y alcanzar las últimas bocanadas de aire disponible. Hugo sintió un acceso de terror y claustrofobia. No lo soportó. Sin decir nada, inspiró profundamente y se zambulló para buscar la salida. Owin y la Tía lo vieron desaparecer debajo de ellos.

—¡Suelte esa madera! —vociferó Owin.

—¡No! ¡No puedo! Si la suelto me voy a ahogar.

—Se ahogará de todas formas. Ya no queda aire.

Owin se sumergió y luchó contra la mujer obligándola a destrabarse de su falsa tabla de salvación. Luego la jaló hacia abajo en busca de la salida. El agua era demasiado turbia. Tanteó sobre el muro ciego. La mujer se sacudía desesperada entorpeciendo la maniobra. En el ajetreo pudo verla a la cara. Tenía los cachetes inflados como un niño antes de soplar su pastel de cumpleaños, pero los ojos desorbitados en un gesto de terror. Estaba a punto de abrir la boca para tratar de inhalar. Owin se apresuró en su exploración desesperada de la pared. Al fin halló el contrafuerte del umbral y se asió de él para descender un poco más. La señora no quiso seguirlo y se soltó. En una fracción de segundo, Owin tuvo la opción de salir para ponerse a salvo o intentar agarrar a la vieja de nuevo. Casi ya no le quedaba aire. Se volvió y atrapó a la mujer por la ropa, luego buceó con todas sus fuerzas. Una vez cruzando la puerta de la casa, levantó la cara y pataleó sin dejar de arrastrar consigo el bulto humano que había dejado de moverse.

Cuando llegó a la superficie y trató de respirar, la tempestad exterior le cubrió la cabeza y tragó agua. Comenzó a toser y volvió a inspirar. El río se lo llevó. Cientos de objetos flotantes, árboles tajados de raíz; animales muertos, perros, gallinas, borregos, cerdos; ramas, papeles y plásticos, avanzaban a su lado en una loca carrera río abajo. Owin logró asirse a uno de los troncos que otrora estuvo erguido sobre la cañada e hizo un esfuerzo para jalar a la Tía. Ignoraba si aún estaba con vida, pero la detuvo del cuello con el brazo libre obligán-

165

dola a sacar la cabeza del agua. Owin miró alrededor. No reconoció el lugar. Hugo había desaparecido. A los lados se alzaban dos pequeños muros naturales que hacían las veces de contención para el río enloquecido.

¿Hacia dónde se dirigía tanta agua con esa velocidad? Owin apretó los dientes aterrado al comprenderlo. ¿A dónde desembocan *todos* los ríos? A los lagos o a...

—Dios mío... Dios mío... —murmuró—. Aquí no hay ningún lago cerca. Sólo el mar.

¡El mar! El huracán provenía del mar, y con toda seguridad estaría tomando ahí sus más colosales dimensiones. ¿Qué tan lejos podía estar la costa? Avanzaban a enorme velocidad. A ese paso, llegarían a ella en unos cuantos minutos.

Owin al fin tuvo conciencia plena de que su vida estaba al borde de un abismo y que rescatar a la Tía había sido una locura. Desesperado, giró la cabeza para todos lados buscando ayuda. Vio a un hombre cubierto con impermeable de plástico amarillo que corría por la orilla.

—¡Auxilio!

El sujeto hizo señas que Owin no comprendió.

—¿Qué dice?

—¡Trata de nadar hacia esta orilla!

Owin comenzó a dar patadas intentando dirigirse a la ribera, pero no podía bracear porque con una mano sostenía a la mujer del cuello y con la otra se agarraba del tronco. Tenía que tomar una decisión rápida. Era buen nadador. Si soltaba ambas cargas, con toda seguridad lograría llegar a la orilla, pero si se obstinaba en hacerse el héroe perdería la vida.

—¡Patalea un poco más sin soltar a la mujer! —le gritó el hombre, como si hubiera adivinado su pensamiento.

Owin hizo un esfuerzo. Al fin comprendió las extrañas indicaciones del desconocido: El río se partía en dos. Por la izquierda, el caudal disminuía de fuerza y se angostaba, mientras que por la derecha, el torrente se ampliaba y tomaba más velocidad. Owin llegó a la coyuntura y logró a duras penas, entrar al brazo más pequeño. Infinidad de obstáculos le ayudaron a disminuir la velocidad de inmediato. El nivel del agua era más bajo. Había roca y basura. Atrancó las piernas en los escollos. Logró detenerse, pero no con la seguridad requerida. La potencia del agua, aunque mucho más pequeña que en el brazo que corría paralelamente, de cualquier forma empujaba con vigor. Otra vez se vio en la misma disyuntiva: Soltar a la mujer y trepar por las rocas para ponerse a salvo o quedarse inmóvil aguantando la presión en sus piernas esperando que alguien los sacara.

El cuerpo de la Tía ajetreado y golpeado, comenzó a reaccionar. Una tos convulsiva la hizo vomitar el agua que había tragado.

El hombre de la orilla los alcanzó; detrás de él aparecieron dos personas más, también cubiertas con impermeables amarillos.

—¡Sostente, Owin! Vamos a sacar a la Tía.

El joven razonó entre nubes que debían ser personas cercanas pues conocían el nombre de ambos.

Se sintió agotado y alcanzó a percibir cómo sus piernas se doblaban.

—¡Apúrense! ¡Ya no aguanto más!

La corriente de agua seguía empujándolo a punto de desatrancarlo. El individuo caminó por las rocas y llegó hasta ellos. Traía una soga. Se la amarró a la Tía por la espalda.

—Ya sostuve a la señora —le dijo—. ¡Haz el último esfuerzo y sal de aquí!

Owin obedeció. Le fue difícil mantener el equilibrio. Cuando al fin tocó tierra, cayó de bruces sintiendo que se desmayaba. No supo los detalles de la maniobra que las tres personas tuvieron que hacer para levantar el voluminoso cuerpo de la Tía, pero en unos minutos estaba ya jadeando junto a él.

La lluvia continuaba.

Owin se recuperó un poco y levantó la cara. Los tipos que lo habían auxiliado eran tres hombres musculosos de ojos muy grandes. La lluvia cayendo sobre ellos producía un extraño efecto, como si sus impermeables amarillos estuviesen cubiertos de una grasa repelente al agua que les impidiera mojarse.

—¿Quiénes son ustedes? —preguntó Owin.

—Tranquilízate —dijo una mujer también cubierta con impermeable amarillo que apareció detrás de los hombres—, aunque tu hermana y tú han pasado por muchos problemas, siempre han estado protegidos. Antes de morir, su madre los bendijo.

Owin se paró de un salto y avanzó hacia la mujer.

—¿Usted conoció a mi madre?

—Sí —respondió la dama—, existe una ley en la creación de

suma importancia: cuando alguien intercede por otra persona, ayudándola, protegiéndola o pidiendo beneficios para ella, los beneficiós se les dan *a ambas*. Ahora tú has hecho eso por la Tía. Podías haber pensado egoístamente y salir del problema con tus propias fuerzas; si así lo hubieras hecho, te hubieses movido en un plano personal. Esto no es del todo malo, pues quienes se mueven en ese plano alcanzan cierto grado de satisfacción en la vida. Sin embargo, decidiste pensar en las necesidades de otros y ayudar a la mujer que te hizo tanto daño —voltearon a verla; se había puesto a gatas para toser y acabar de expulsar la basura y el agua sucia que había tragado—. Al hacer eso, dejaste el plano personal y pasaste al espiritual. En él recibes bendiciones especiales, pero no sólo tú, ¡las personas a quienes ayudas también las reciben! Esta mujer es merecedora de muchos castigos, pero ha sido puesta bajo la cobertura de Dios y los ángeles gracias a tu intercesión.

Owin frunció las cejas. No había comprendido ni puesto mucha atención a las palabras de la salvadora porque se esforzaba en recordar quien era. Las gotas de lluvia rebotaban sobre ella sin mojarla, emitiendo pequeñísimos destellos de luz. La miró a los ojos y sintió un escalofrío... Sus ojos eran inconfundibles. Años atrás lo habían mirado mientras decía:

"No soy una bruja. En todo caso, podría decirse lo contrario: Soy una amiga que quiere ayudarlos".

—¡Caray! —murmuró Owin—, ¡la tormenta fue muy fuerte! ¡Demasiado! ¡Perdí su teléfono!, ¡por eso nunca le hablé, maestra! Pero mi hermana... ¡Dios mío! Usted sabe dónde se encuentra mi hermana, ¿verdad?

—No te preocupes por ella —contestó uno de los hombres con voz profunda—. Al igual que tú, siempre ha estado cuidada... por nosotros...

Aunque el huracán se había movido de lugar geográfico y avanzaba con toda su fuerza hacia otro lado de la costa, los efectos colaterales daban muestras de su implacable paso por ahí. La lluvia se había vuelto fina y una densa niebla había comenzado a oscurecer la visibilidad.

—¿Dónde están? —preguntó Owin—. No los veo.

Una mano gruesa y temblorosa le agarró el brazo. Era la Tía que trataba de incorporarse. Owin la ayudó.

—¿Se siente bien?

—Sí... Gracias.

Owin dio unos pasos hacia delante. Las personas de impermeable amarillo, habían desaparecido.

REPASO DE CONCEPTOS

01. Si resuelves tus problemas moviéndote en un plano egoísta, lograrás ciertos resultados y alcanzarás un determinado grado de satisfacción personal.

02. Si, durante un problema, además de pensar en ti mismo, reconoces las necesidades de otros y los ayudas sacrificando parte de tus beneficios por el bien ajeno, te mueves en el plano espiritual y recibes bendiciones especiales.

03. Cuando brindas ayuda desinteresada a un necesitado, se dice que intercedes por él; al hacerlo te pones bajo la cobertura de Dios y los ángeles, y pones al necesitado bajo la misma cobertura.

04. Existe una ley en la creación: cuando alguien intercede por otra persona, ayudándola, protegiéndola o pidiendo bendiciones para ella, las bendiciones se les dan a ambas.

PREGUNTAS PARA REFLEXIONAR

01. ¿Alguna vez has tenido oportunidad de ayudar a algún necesitado? ¿Cómo se ha sentido esa persona y cómo te has sentido tú?

02. Has una lista de actividades a tu alcance que podrías realizar para ayudar a la gente necesitada.

03. Planea con tus amigos o hermanos la visita a un asilo de ancianos, a un hospital o a un orfanato. Dedícale tiempo, dale ayuda y cariño a las personas en ese lugar. Escribe lo que ocurrió con ellos y contigo.

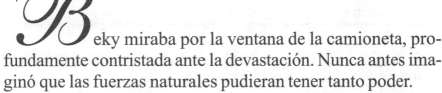

22 MOSTRAR NUESTRO LADO BUENO

eky miraba por la ventana de la camioneta, profundamente contristada ante la devastación. Nunca antes imaginó que las fuerzas naturales pudieran tener tanto poder.

—¡Parece como si hubiese habido una guerra! —le comentó a su jefa, quien manejaba el vehículo que transportaba medicamentos—. ¡Cuánta gente se quedó sin casa!

—Sí... —respondió la directora de servicio social—, ¿ya viste las fotos que tomaron las personas de nuestro departamento de investigación?

—No.

—Las traigo en la guantera.

Beky abrió la cajuelita y sacó el sobre. Había impresiones de una enorme torre de luz ladeada sobre las ruinas de una casa en la cañada. Los muros de la casa seguían en pie, aunque techo, ventanas y puertas habían desaparecido. Una gran cantidad de basura orgánica, entre la que figuraban algunos perros y ratas muertas flotaba en los charcos. Beky sintió que el estómago se le revolvía. Siguió pasando las fotos y contempló el lodazal remanente del repentino y violento río que desoló el área en aquel barranco. Luego vio fotografías de otras zonas en donde montañas de tierra habían sepultado casas; de niños llorando y de gente desesperada dcambulando como zombis entre los despojos del huracán.

Guardó las fotografías en el sobre y se quedó con la vista perdida

—Cuando hay una catástrofe natural —le dijo su jefa—, los más afectados suelen ser quienes tienen casas improvisadas.

Beky no respondió. Sentía que el corazón se le resquebrajaba sólo de imaginar a su hermano viviendo en esos groseros y sucios espacios arrasados.

—¿Y cómo va el caso de tu padre? —le preguntó la conductora tratando de cambiar el tema.

—Mejor —respondió Beky—, el abogado que me recomendó mi maestra, accedió a ayudarlo.

—¿De verdad? ¿Cómo lo convenciste?

—Insistiéndole mucho. En estos años he comprendido que vivimos en un mundo con reglas. La gente es esencialmente buena, pero, por precaución, suele revestirse de enfado. Si logramos traspasar las barreras, podemos hallar la bondad escondida en cada persona. La clave para lograr eso es comunicarse eficientemente y enseñar, con el ejemplo personal, que vale la pena mostrar nuestro lado bueno.

Llegaron al refugio para damnificados y se bajaron de la camioneta. De inmediato, una mujer morena muy delgada se acercó a ellas y les dijo:

—¡Señoritas, por favor, encuentren a mi hijo! Se lo llevó el agua de la inundación. Debe estar por algún lado. ¡Por favor!

Sé que está vivo, pero no dónde. ¡Ustedes pueden ayudarme, *deben* ayudarme, por lo que más quieran!

—Cálmese, señora —dijo la jefa de Beky—. ¿Cómo es su hijo?

—Delgado, travieso, de tres años...

Siguió describiendo al pequeño, pero Beky caminó hacia el puesto de socorro y dejó de escuchar.

Había varias mesas de coordinación. En una se recibía la comida y el agua que llegaba en carros del Ayuntamiento, en otra se inventariaba la ropa mandada por voluntarios de la ciudad, en otra se coordinaban enfermeras, médicos y rescatistas.

—Traemos medicinas en la camioneta —anunció Beky.

Dos asistentes fueron de inmediato por ellas.

Beky observó una mesa larga en la que dos psicólogas atendían a la gente. Un joven se acercó y dijo:

—Mi mamá está muy deprimida. No para de llorar. Me dijeron que ustedes pueden auxiliarla.

—¡Por supuesto! —contestó una de las psicólogas—, pero tendrá que esperarnos. Hay varias personas que nos han solicitado orientación. Estaremos aquí todo el día. Si gusta, puedo anotar el nombre de su mamá en esta lista.

Sobre la mesa había una hoja en la que, en efecto, diversas víctimas del huracán se habían anotado con su puño y letra. Beky vio el registro y pensó, por un momento, que estaba teniendo alucinaciones. Cerró los ojos y volvió a abrirlos.

—Dios mío... —murmuró.

No se trataba de un sueño ni de una visión. En la lista había un nombre escrito con caligrafía inconfundible, trazos redondos, letra de molde y rasgos alargados. Sin necesidad de que leyera las palabras, ella sabía *quién* las había escrito. Aún así, le arrebató la hoja al muchacho y se cercioró. Sintió que el huracán regresaba sobre sus pasos para abatirla sólo a ella...

Puso una mano sobre su pecho. Parecía que el corazón le iba a estallar en cualquier momento. Devolvió la hoja y giró la cabeza abriendo mucho los ojos que se le habían llenado con agua: lágrimas de esperanza, de ansiedad, de ilusión...

Se hallaban en un improvisado refugio en la zona marginal de la ciudad. Como el número de damnificados excedía por mucho la capacidad de los sanatorios y albergues, el gobierno había mandado poner dos enormes galerones desarmables. Entró a la techumbre de lona más grande y trató de identificar a Owin. Había mucha gente ahí. Caminó entre los pasillos volteando para todos lados. Recorrió el lugar de ida y vuelta. Después de varios minutos, la zozobra se convirtió en angustia. Owin no estaba y volvió a comenzar su caminata. Se desesperó. Vio una mesa desocupada y se trepó a ella. Comenzó a gritar:

—¡Owin! ¿Dónde estás? ¡Owin Meneses! ¡Soy yo! ¡Tu hermana Beky! ¿Me escuchas? —los murmullos del lugar disminuyeron un poco; varias personas la miraban encaramada sobre la mesa—. ¡Owin! Sé que estás aquí... —como nadie contestaba, se le obstruyó la garganta; volvió a gritar, pero no hubo respuesta—. ¡Si alguien ha visto a un muchacho que se llama Owin Meneses, acérquese aquí, por favor!

Fue inútil. Decepcionada, se bajó de la mesa. Caminó hacia fuera. El segundo pabellón era más chico y estaba lleno de enfermos. Entró a él y buscó. Había decenas de camas improvisadas sobre las que yacían personas con fracturas, descalabros y crisis nerviosas. Una mujer anciana no dejaba de llorar. Dos chicas trataban de tranquilizarla. Varios jóvenes repartían vendas y fomentos, un vagabundo de cabello largo daba masaje en la pierna a otro señor que parecía acalambrado.

—Con permiso —dijo Beky, tratando de identificar ente los dolientes a su hermano.

Carlos Cuauhtémoc Sánchez

Recorrió el lugar varias veces sin éxito. En la nave pequeña no había ninguna mesa sobre la cual pudiera subirse para gritar... pero era innecesario...

Owin no estaba ahí.

Salió de nuevo y se paró junto a los coordinadores. El corazón le seguía latiendo con fuerza, pero su júbilo inicial se había convertido en frustración.

—Tiene que estar por aquí... —murmuró.

De repente, señales de un presentimiento especial la hicieron estremecerse. ¿Podía ser cierto? ¿Era factible?

Regresó al pabellón de los enfermos y fue directo hasta el vagabundo de cabello largo que daba frotación al acalambrado. Se paró detrás de él y lo observó. Era un hombre con pantalón descolorido, barba rala y huaraches viejos. Le tocó el hombro y el indigente se giró para verla. Detrás del disfraz que le había impuesto la calle y la mala vida se adivinaba una expresión juvenil. Aunque su gran corpulencia y desaliño le daban la apariencia de un hombre mayor, en realidad se trataba sólo de un joven de aproximadamente ¿dieciocho años?

Las vibraciones de una química inconfundible la hicieron temblar. ¿Podía ser cierto? ¿Era factible?

—¿Owin? ¿Eres tú?

El vagabundo se puso lentamente de pie con los ojos redondos como platos.

Un escalofrío lento le recorrió la nuca y la hizo inspirar...

—¿Beky? —preguntó él con voz ronca.

—¡Sí!

Quisieron abrazarse, pero una emoción paralizante se los impidió. Era demasiado bueno para ser verdad. ¡Después de años separados volvían a encontrarse, frente a frente!

—¡Estás aquí...! —dijo él sintiendo que deliraba.

—¡Sí! —gritó ella, pero no pudo decir más porque todas

sus funciones vitales quedaron suspendidas durante unos segundos. El muchacho de cabello largo apretaba los labios y la miraba con los ojos cristalizados.

Ella inhaló y exhaló.

—¡Owin! —se llevó ambas manos a la cabeza y lanzó un nuevo grito de emoción. Después balbuceó—: ¡Hermano! ¡Hermanito! ¡Dios mío! ¡No lo puedo creer! —volvió a gritar—. ¿Dónde has estado? ¿Qué haces aquí? ¡Jesucristo! Mírate, nada más. ¡Parece que el huracán te revolcó por todo el barranco! ¡Estás lleno de raspones y moretones! ¡Owin! Hermano... ¿Qué te pasó? ¿Dónde estuviste todos estos años?

El joven no respondió. Eran demasiadas preguntas y muy largas las respuestas.

La techumbre de plástico producía un efecto de invernadero en el interior y, aunque los damnificados se quejaban continuamente del excesivo calor, dejaron de hacerlo al contemplar el encuentro de los dos muchachos.

Beky deseaba tomar a Owin de la mano e irse con él... visitar a su padre, enseñarle a su hijo de vuelta y sollozar, enlazados los tres, recordando mejores tiempos.

Owin salió de su pasmo y la abrazó con mucha fuerza. Ella respondió al abrazo soltándose a llorar. Después de un intenso momento, él dijo:

—¡Te extrañé mucho! Creí que te había pasado algo y que nunca te volvería a ver.

—Yo también —respondió ella sin dejar de ceñirlo—. Llegué a pensar lo peor. He pasado estos años en un orfanato. No me ha ido mal. Pude trabajar y aprender muchas cosas. ¿Pero, y tú? —se separó—. ¿Dónde has vivido?

Owin la observó antes de responder. Su hermana se había convertido en una hermosa chica de rostro fino y mirada limpia. Llevaba una blusa moderna, pincelada con morados, verdes y amarillos.

—Viví también en una especie de orfanato —confesó—, al fondo de la cañada, bajo unas torres de alta tensión.

—¡No puede ser! —se asombró ella—. ¿Estás diciendo que habitaste una casa que se casi se derrumbó por estar en medio del canal donde se formó el río?

—Sí. ¿Cómo lo sabes?

—Vi las fotos... ¡Dios mío! Es increíble. Owin, ¿por qué? ¿Por qué nos ha tocado sufrir tanto? ¿Por qué tuviste que acabar en ese lugar? ¡Varias veces hubo excursiones de servicio social a los barrancos y yo nunca fui! ¡Pensé que habías cruzado la frontera!

—Pues ya ves. No lo hice... —agachó la cara tratando de poner en orden su revoltura mental—. Y dime —preguntó después—, ¿cómo está papá?

—En la cárcel. Le faltan cinco años para salir, pero un buen abogado accedió a ayudarlo sin cobrarnos nada. Realizará algunas apelaciones y quizá lo liberen antes.

—Vaya... y... y... ¿cómo conseguiste ese abogado?

—Me lo recomendó nuestra maestra. He hablado con ella por teléfono, algunas veces...

Owin abrió mucho los ojos, pero no dijo nada.

Dos personas murmuraban. "Seguramente se perdieron durante el huracán y acaban de reencontrarse." "Eso ha ocurrido varias veces ya en este sitio." Owin y Beky escucharon los rumores sin aclarar que su caso era distinto. Que el uno era toda la familia del otro y que llevaban varios años buscándose.

Una chica de mirada dulce y aspecto sencillo se acercó a ellos. Owin la recibió cariñosamente y la presentó.

—Es Lorena. Mi... mi novia...

Las mujeres se miraron con ojos indefensos. Beky extendió la mano, pero Lorena fue más allá y le dio un abrazo. Beky hizo un esfuerzo sobrehumano para detener el llanto que amenazaba con reincidir.

—¡Qué gusto conocerte! —dijo Lorena—. Tu hermano ha hablado de ti todos los días desde hace mucho tiempo.

Beky suspiró.

—¡Han pasado tantas cosas! —se volvió a su hermano y le dijo—: Olvidé que habías crecido... La última vez que te vi eras pequeño, gordito y temeroso. Además, tartamudeabas mucho...

—Todavía tartamudeo —respondió—, a veces... cada vez menos... Hace poco tuve una fuerte experiencia. Sentí tanto coraje conmigo mismo, y tantos deseos de superarme *de verdad*, que fue como si me hubiese destrabado...

—¡No lo puedo creer!

—¡Owin, me costó trabajo reconocerte! ¡Tienes el cabello larguísimo! ¡Voy a tener que llevarte de urgencia a un estilista! Lorena, ¿cómo lo puedes soportar así?

—Tal vez porque lo he visto desde hace años... y me enamoré de su alma...

Hubo un instante de silencio y luego los tres soltaron a reír.

Beky anunció:

—Ya tendremos tiempo de sentarnos a charlar con tranquilidad. Ahora recojan todas sus pertenencias. Los llevaré al lugar donde yo vivo.

Lorena movió la cabeza negativamente.

—Yo me quedaré aquí. Tengo familia y he pedido ayuda a las autoridades para localizarla... Espero que alguno de mis padres aún quiera recibirme.

Beky acababa de conocer a la chica y ya sentía aprecio por ella.

—Yo sí me iré contigo, hermana —dijo Owin—, pero no en este momento. Hay mucha gente que necesita ayuda y no quiero desperdiciar la oportunidad de dársela.

Beky comprendió la importancia de esa intención y vio la bondad de su hermano con absoluta claridad. Ella le ayudaría.

—Nunca más te dejaré —aseguró—. Trabajaremos juntos.

Caminaron entre la gente.

Dos enfermeras ponían afanosamente compresas de agua en el brazo de una mujer obesa. Pasaron junto a ellas.

Owin saludó a la herida.

—¿Cómo te sientes, Tía...?

—Bien, Owin —contestó la mujer—. Muchas gracias. ¿Me puedes conseguir un poco de agua?

—Claro, ahora te la mando.

Beky preguntó casi en secreto:

—¿Por qué le dijiste tía?

—Es una larga historia.

Beky, Owin y Lorena, salieron por provisiones. Eran tres jóvenes que habían vivido experiencias más duras y más aleccionadoras que muchos adultos. ¿Por qué? Sólo Dios conocía la respuesta. Lo cierto es que cada lección asimilada por quienes se superan en esta Tierra se vuelve sabiduría para el mundo e inspiración para los demás.

Owin sonreía sin darse cuenta. Enlazando a su hermana con el brazo derecho y a Lorena con el izquierdo, caminó en medio de ellas dando gracias en silencio y conmovido por una sensación interna de libertad y plenitud que hacia mucho tiempo no sentía.

REPASO DE CONCEPTOS

01. Gran parte de la psicoterapia tiene como finalidad quitar las barreras de negativismo que las personas se han impuesto como autodefensa.

02. La gente es esencialmente buena, pero, por precaución, suele revestirse de amargura. Si logramos traspasar las barreras, podemos hallar la bondad escondida en cada persona.

03. En muchos casos, tú puedes quitar las barreras de fastidio y enfado mostrando a los demás la bondad escondida que hay en ti.

04. La clave para hallar la bondad escondida es comunicarse con eficiencia y enseñar, con el ejemplo personal, que vale la pena mostrar nuestro lado bueno.

ACTIVIDADES

01. Haz un cuadro sinóptico con los principales conceptos de este libro, clasificándolos con base en las tres actitudes a fortalecer planteadas en el capítulo 1.

02. Escribe y explica con tus propias palabras los principales conceptos del cuadro sinóptico anterior.

03. Prepara un discurso con uno de los temas que más te haya gustado y escríbelo. Después, si puedes, preséntalo en público.

04. Trabaja de manera consciente por lograr una verdadera personalidad afirmativa.

El hospital se hallaba en medio de un enorme paraje boscoso a treinta minutos de la ciudad. Los viejitos caminaban por los prados libremente. Vestían ropa informal y daban la apariencia de ser muy felices.

El observador espontáneo pensaría que se trataba de un asilo de ancianos paradisíaco, pero analizándose a detalle, podía descubrirse a los guardias médicos de enorme corpulencia, a las enfermeras de planta y al tosco vigilante que cuidaba la reja de hierro forjado.

El señor Waldo Meneses estaba frente a nosotros con la vista extraviada; su hijo Owin, lo tomó de la mano cariñosamente.

—Papá —le dijo—, ya nos tenemos que ir.

El anciano se quedó quieto, mirando a su hijo sin mirarlo, como si pudiera ver a través de él.

—¿Papá, me escuchas?

No hubo respuesta. Se me hizo un nudo en la garganta. Waldo Meneses había perdido su coordinación motriz, su memoria y las nociones de tiempo, espacio y realidad.

Owin abrazó a su papá y levantó la mano para pedir ayuda a una de las enfermeras.

—Vámonos, Waldito —le dijo la mujer que llegó casi de inmediato—. Es hora de hacer ejercicio...

Con profunda tristeza, observamos al anciano alejarse por el prado.

—¿Desde cuándo está así? —pregunté.

—Desde hace diez años. Quizá un poco más. Los trastornos mentales lo han atacado de manera muy lenta. Creo que nunca se recuperó por completo de la muerte de mi madre. Tuvo labilidad emocional, insomnio y depresión continua... Comenzó a perder el juicio poco a poco, casi imperceptiblemente.

Vimos al señor Meneses desaparecer en la esquina del edificio, tomando de la mano a su enfermera como un niño pequeño se toma de la mano de su madre al cruzar la calle.

—Quizá el haber estado en la cárcel durante cinco años contribuyó a su decadencia —comenté.

—Puede ser, pero en aquel entonces no había indicios de ninguna anormalidad. De hecho, cuando lo liberaron anticipadamente, con la ayuda del abogado que consiguió Beky, volvió a trabajar como mecánico en una maquiladora de la frontera. Rentamos un departamento y volvimos a vivir los tres juntos. Iniciamos una etapa diferente. Yo estuve en tratamiento psicológico por varios años y me dediqué a estudiar de manera obsesiva, tratando de recuperar el tiempo perdido. Mi novia, Lorena, regresó con su madre, y mi hermana siguió trabajando. Ahora se dedica a coordinar fundaciones para niños de escasos recursos en la Junta de Asistencia Privada. Es una mujer incansable y tenaz... Siempre se sale con la suya. Nadie puede negarle un favor y ¡ha hecho tanto bien!

—Me imagino. Debe ser una experta en comunicación afirmativa, pero dígame, el asunto de aquellas personas vestidas con gabardina amarilla que lo ayudaron en el río... Todavía me estremece.

Owin sonrió un poco.

—A mí me pasa lo mismo cada vez que lo recuerdo.

—¿Y no sería que usted estaba muy ofuscado después de casi ahogarse en el río y tuvo alguna especie de alucinación?

—Es posible. También he llegado a pensar eso, sin embargo, soy muy cauteloso para las conclusiones definitivas. Siendo honestos, ni usted ni yo podemos asegurar que la ayuda repentina de algunas personas que han aparecido y desaparecido en nuestras vidas sea una simple casualidad.

Protesté con sarcasmo:

—¡Pues yo soy un escritor pragmático y nunca he sentido la presencia de ángeles.

Owin se encogió de hombros.

—¿Y eso qué importa? El mundo invisible existe, aunque no lo percibamos... Todos sabemos que después de una explosión nuclear, las radiaciones flotan en el aire sin que las veamos; sabemos que en la palma de nuestra mano hay millones de seres microscópicos que tienen su propio universo en el que crecen, se reproducen y mueren; sabemos que alrededor de nosotros pululan millones de ondas hertzianas de distintas frecuencias; sabemos que existe un mundo que no podemos ver. El hombre ha ido inventando aparatos para medir las manifestaciones de ese mundo invisible, pero sin duda nos falta mucho por descubrir. Quizá algún día exista un método para detectar a los ángeles que existen a nuestro alrededor. ¡Están ahí e interactúan con nosotros, lo creamos o no! —hizo una ligera pausa para bajar el tono de su voz a un nivel de intimidad—. Hace poco escuché una canción cuyo estribillo decía: "Dios existe porque lo siento en mi ser" —canturreó—. Aunque sonaba hermosa, era una verdad a medias. ¡Dios existe, lo sientas o no lo sientas! De hecho, con nuestras capacidades humanas estamos limitados para sondear el mundo espiritual, pero entiéndame, nuestra limitación no anula la existencia de ese mundo. Por eso debemos tratarlo con respeto.

Rompí una pequeña pajita del césped en el que estábamos sentados y jugueteé con ella.

—Precisamente por eso —respondí como objetando—, ¡porque los humanos estamos en un plano y los espíritus en otro, pienso que aquellas personas vestidas con impermeables amarillos eran de carne y hueso! ¡No puedo concebirlo de otra forma!

Owin se encogió de hombros.

—Quizá tenga razón... Yo no soy nadie para atreverme a asegurar lo contrario.

Bajé la guardia. Era difícil hacer titubear a una persona asertiva. Hice una última pregunta al respecto.

—¿Usted y Beky nunca trataron de buscar a su maestra, después?

—Sí —contestó Owin—. Hace algunos años regresamos a nuestra vieja escuela en la capital. El director era nuevo y no tenía registros de que una profesora suplente, de las características que le describimos, hubiera trabajado en ese colegio cuando Beky y yo asistimos a él. Quizá la carencia de información se debía a que la profesora sólo laboró ahí unas semanas, pero también investigamos el número telefónico que nos dio, a través del cual mi hermana se comunicó con ella varias veces. No existía. Después revisamos los papeles de la custodia. El hombre vestido de negro que llegó por mi hermana firmó como "Felipe" y un apellido extranjero. Parece que se fue del país. El domicilio que anotó es el de un enorme parque con prados y árboles. No sabemos más, ni hemos querido seguir indagando.

—Eso es increíble.

—Lo es... pero, no se agobie por ello, todo nuestro mundo es increíble. Observe ese colibrí batiendo las alas ochenta veces por segundo, vea las gotas transparentes de rocío deslizándose sobre aquella flor, analice la belleza de este bosque... perciba el agradable efecto del aire penetrando en sus pulmones y la extraordinaria sincronización de sus órganos internos trabajando. Estamos tan acostumbrados a lo extraordinario que lo despreciamos, y buscamos afanosamente fenómenos milagrosos para sentir asombro... pero profundice en la realidad y vea que cada segundo a su alrededor ocurren cientos de milagros... La arrogancia nos hace olvidar todo eso, y, lo más triste, nos hace olvidar que Dios nos ha creado con un propósito... ¡Nuestra vida tiene sentido, por más disparatada que parezca a veces! No podemos renegar de los acontecimientos porque todos ellos nos van marcando un derrotero. Si cada uno de los seres humanos analizara su pasado, podría dar testimonio de cosas inexplicables que lo han ido preparando para algo cada vez mejor. ¿Por qué está mi padre en este asilo médico? ¿Por qué está usted aquí, entrevistándonos a mi esposa y a mí con intenciones de escribir un libro? ¿Cuántos lectores conocerán a través de lo que usted escriba, lo que Beky y yo vivimos? ¡Sólo Dios lo sabe! Yo no trato de comprenderlo todo. Me dejo guiar y hago mi parte cada día para dignificar mi vida y la vida de la gente que me rodea. ¡Todos somos interdependientes! Formamos un gran cuerpo en el que nuestro Creador es la cabeza; la pierna no debe preguntar a la mano por qué se mece de un lado a otro mientras ella camina. Todos tenemos una misión y yo trato de cumplir la mía.

Owin Meneses terminó sus reflexiones y se puso de pie lentamente. Su esposa y yo lo imitamos. Miramos a nuestro alrededor. El hospital privado era espacioso y moderno; especial para personas de edad avanzada con necesidades de tratamiento continuo.

—Me alegra que ustedes dos se hayan casado —comenté—, creo que el haber sufrido juntos, cuando eran jóvenes, les permite ahora tener una sensibilidad y una profundidad extraordinaria que, por cierto, me servirá de inspiración cuando escriba el libro.

Lorena y Owin agradecieron el cumplido. Conformaban una bella pareja. Volví a despedirme de ellos, subí a mi automóvil y me dirigí al aeropuerto.

Mientras manejaba, sin darme cuenta, respiraba muy profundo y apreciaba, por primera vez en mi vida, las enormes maravillas que había a mi alrededor...

GUÍA PARA PRUEBAS DE LECTURA

Si deseas usar este libro como material de trabajo para incrementar tu velocidad de lectura, realiza periódicamente un ejercicio como el que se indica a continuación:

■ Vuelve a leer cada capítulo sin las guías de estudio impresas al final, y toma tu tiempo de lectura. Procura leer rápido, pero comprendiendo cada concepto. Después realiza las siguientes operaciones para registrar tu velocidad:

1. Anota tu tiempo en minutos y segundos.
2. Convierte los segundos a décimas, dividiéndolos entre 60.
3. Divide el número de palabras del capítulo, entre tu tiempo.
4. La última cifra es tu velocidad en palabras por minuto.

Repite el ejercicio y observa tu progreso.

Ejemplo:

■ Si tardaste en leer un capítulo, 5 minutos y 45 segundos, anota en la columna **Tiempo: 5′ 45′′**

■ Divide 45 segundos entre 60 para realizar la conversión a décimas $45 \div 60 = 0.75$ y anota el resultado en la columna **T. Convertido: 5.75**

■ Divide el tiempo convertido entre el número de palabras del capítulo, (dato que se da en la tabla), y anota el resultado en la columna **Vel. de lectura**. Ejemplo $1288 \div 5.75 = 224$ palabras por minuto.

Capítulo	Tiempo	T. Convertido	Palabras	Vel. de lectura
1			1288	
2			1366	
3			1627	

Capítulo	Tiempo	T. Convertido	Palabras	Vel. de lectura
4			1449	
5			1082	
6			1190	
7			1099	
8			1015	
9			1250	
10			1434	
11			1845	
12			1756	
13			1610	
14			1880	
15			1851	
16			1502	
17			1609	
18			1281	
19			1520	
20			1418	
21			1836	
22			2243	
Epílogo			1416	

Obras del mismo autor

189

JUVENTUD EN ÉXTASIS **2**

Carlos Cuauhtémoc Sánchez
curso definitivo sobre
conducta sexual

Dirigentes del Mundo Futuro
Carlos Cuauhtémoc Sánchez
DMF
Educación integral de triunfadores

CONTRAVENENO
Carlos Cuauhtémoc Sánchez
Traiciones, rupturas y pérdidas afectivas. Este libro es un antidoto
Ediciones Selectas Diamante
Libros que transforman vidas

Leyes Eternas
principios universales de superación y valores
volumen 1
recopilación de las frases más contundentes de
Carlos Cuauhtémoc Sánchez
Ediciones Selectas Diamante
Libros que transforman vidas

190

Leyes Eternas 2
principios universales de superación y valores
recopilación de las frases más contundentes de
Carlos Cuauhtémoc Sánchez
Ediciones Selectas Diamante
Libros que transforman vidas

Leyes Eternas 3
nuevos principios de superación y valores
recopilación de las frases más contundentes de
Carlos Cuauhtémoc Sánchez
Ediciones Selectas Diamante
Libros que transforman vidas

PRINCIPIOS UNIVERSALES DE SUPERACIÓN Y VALORES

El Precio del Éxito
(CONFERENCIA)
Carlos Cuauhtémoc Sánchez
1
¡Conozca y practique los secretos del éxito que usan los triunfadores!
Ediciones Selectas Diamante

CALIDAD HUMANA
(COMPRENDIENDO)
Carlos Cuauhtémoc Sánchez
2
Cómo tener éxito fortaleciendo nuestras relaciones con los demás
Ediciones Selectas Diamante

Carlos Cuauhtémoc Sánchez
Cómo Pelear con sus Seres Queridos
3
Ediciones Selectas Diamante

CÓDIGO DE HONOR
Carlos Cuauhtémoc Sánchez
4
CONFERENCIA
Ediciones Selectas Diamante

AUDIOCASETES

Esta obra se terminó de imprimir el mes de agosto del 2002
en los talleres de Gráficas Monte Alban, S.A. de C.V.
ESD 74-5-M-57-08-20

9581